Indianer Nordamerikas

Ausstellung im Blockhaus „Villa Bärenfett“ des Karl-May-Museums

von
Dr. Lothar Dräger
Rolf Krusche
und
Dr. Klaus Hoffmann

Herausgeber:
Karl-May-Stiftung Radebeul, 1992

Publiziert anläßlich der Gedenktage des Jahres 1992:

150. Geburtstag und 80. Todestag Karl Mays,
der das Bild vom Indianer Nordamerikas im deutschsprachigen Raum maßgeblich geprägt hat.

500. Jahrestag der Landung des Kolumbus
in Amerika, wodurch dessen Ureinwohner, die Indianer, mit Europa konfrontiert wurden.

Autoren

Dr. Lothar Dräger, Leipzig (L.D.)
Ethnologe und Stellvertretender Direktor des Museums für Völkerkunde Leipzig.

Rolf Krusche, Leipzig (R.K.)
Ethnologe und wissenschaftlicher Mitarbeiter des Museums für Völkerkunde Leipzig.

Dr. Klaus Hoffmann, Radebeul (K.H.)
Wissenschaftlicher Leiter des Karl-May-Museums Radebeul.

Für tatkräftige Mithilfe beim Fotographieren der indianischen Ausstellungsobjekte sei Herrn Helmuth Grimmer, Weinböhla, gedankt.

Das Umschlagbild zeigt das Diorama in der völkerkundlichen Ausstellung „Indianer Nordamerikas" des Karl-May-Museums.

1. Auflage 1992

Fotos:
Karl-May-Museum Radebeul,
Dr. Klaus Hoffmann und Archiv
Umschlaggestaltung:
Graphiker Klaus Schmidt, Dresden
Redaktion und Gestaltung:
Dr. Klaus Hoffmann
Gesamtherstellung:
LIPP GmbH Graphische Betriebe
München und Dresden

ISBN 3-87490-514-4

Inhalt

Wegweiser für Besucher

Den **Gartenweg** entlang gehend, treffen die Besucher des Karl-May-Museums auf einen **Vorplatz**, der zur „Villa Bärenfett" führt. In diesem **Wild-West-Blockhaus** ist die Ausstellung „Indianer Nordamerikas" untergebracht.

Nach Betreten des Blockhauses finden unsere Gäste links den mit Jagdtrophäen ausgestatteten **Wild-West-Raum**, der für Einführungsvorträge genutzt wird.

Folgt man dem Verlauf des Rundganges, liegt links der **Raum** für wechselnde **Sonderausstellungen**. Geradeaus geht es – vorbei an der Figur des **Waldläufers** – zum **Diorama** und zu den **3 Schauräumen**.

Nach Regional-, Kultur- und Sachkomplexen geordnet, sind folgende Exponate ausgestellt:

Raum 1
Vorkolumbische Zeit / Athapasken in Alaska / Indianer der Nordwestküste (Figur des **Tlingit**-Häuptlings) / Indianer Kaliforniens / Pueblo-Indianer (Figur des **Apache**-Kriegers).

Raum 2
Indianer Östliches Waldland (Figur des **Irokesen**-Häuptlings) / Prärie-Indianer (Figur des **Sioux**-Häuptlings; Figuren **Schoschone**, **Schwarzfußindianer** in Winterausrüstung, **Schwarzfußindianerin**, **Comanche**; **Indianerfamilie**).

Raum 3
Freiheitskampf und Geistertanzbewegung (Figur **Sitting Bull**, Gemälde „**Indianerschlacht** am Little Bighorn") / Indianische Gegenwart.

*Romantisches Ambiente – Patty Frank im **Wild-West-Raum** des Karl-May-Museums.* ➤

Ausstellung „Indianer Nordamerikas"

von
Dr. Lothar Dräger und **Rolf Krusche**

Das Blockhaus

Die aus rohbehauenen Stämmen gefügte **Blockhütte** ist zu einem markanten Symbol der amerikanischen Grenze geworden, obwohl sie keineswegs die typische Behausung der europäischen Einwanderer war und die Technik des Blockbaus nicht in den amerikanischen Kolonien erfunden wurde. Sie geht vielmehr auf alte Bautraditionen des europäischen Nordens zurück und ist anfangs nur in ganz wenigen Gebieten Amerikas genutzt worden. Schwedische und finnische Waldbauern, die sich im 17. Jahrhundert am Delaware River ansiedelten, haben sie zuerst eingeführt.

In den waldreichen Gebieten Nordamerikas konnte ein solcher Bau mit geringem technischen Aufwand – nur mit einer Axt und ohne einen einzigen Nagel – errichtet werden. In die zugeschlagenen Stämme wurden lediglich Kerben oder Kehlen gehauen. Danach konnten die Rundhölzer übereinandergelegt, miteinander verfugt und die Spalten mit Moos, Kalk oder Eichenscheiten verschlossen werden. Die ältesten Blockhütten (log-cabins) bestanden nur aus einem Raum mit Erdfußboden. Manche hatten kleine, mit Läden verschließbare Fenster und Kamine aus Feldsteinen.

So wurde das Blockhaus zur typischen Wohnung jener Ansiedler (Squatters) und Hinterwäldler (Backwoodsmen) jenseits der Alleghanies, die an der Grenze

und am Rande der Kolonialgesellschaft lebten und an der Eroberung des „Alten Westens" in allererster Linie beteiligt gewesen sind. Auch viele der alten Forts – befestigte militärische Vorposten an der Indianergrenze und Niederlassungen der Pelzhändler – bestanden aus Blockhäusern, die auf Verteidigung eingerichtet und durch einen starken Palisaden-Zaun miteinander verbunden waren.

Im Verlauf des 18. Jh. übernahmen verschiedene indianische Gruppen – hauptsächlich in Pennsylvania, Ohio und den späteren Südstaaten – diese Bauweise, und 1790 lebte schon ein beträchtlicher Teil von ihnen nicht mehr in Rindenhütten, sondern in Häusern aus gefügten Baumstämmen. Insbesondere werden die Ratshütten der Irokesen, Shawnee und Delaware, die gleichzeitig Versammlungs- und Kulthäuser („Longhouse", „Big House") waren, zu dieser Zeit als geräumige und stabile Blockbauten beschrieben. Nicht wenige der östlichen und süd-östlichen Stammesgruppen haben nach ihrer freiwilligen oder erzwungenen Auswanderung ins „Indianer-Territorium" jenseits des Mississippi bis in unser Jahrhundert hinein diese ihnen vertraut gewordene Wohnweise beibehalten.

Im Nordwesten wurde der Blockbau von russischen Händlern und Kosaken verbreitet, die im späten 18. Jh. in Alaska und an der Pazifik-Küste ansässig wurden.

(R.K.)

Waldläufer

„Coureur de bois", d.h. **„Waldläufer"**, nannte man zuerst im 17. Jh. in der französischen Kolonie Kanada jene Männer, die den königlich privilegierten Pelzhandel im St. Lawrence-Tal illegal umgingen und selbst zu den Indianern reisten, um Handel zu treiben. Meistens waren sie die ersten Europäer, die mit den verschiedenen Stämmen Kontakte anknüpften. Bedeutende Entdeckungsreisende („Voyageurs") entstammten ihren Reihen: E. Brulé, J. Nicolet, M. Chouart, L. Jolliet, N. Perrot u.a. Eng mit den Indianern zusammenlebend, hatten sie gewöhnlich indianische Frauen, mit denen sie eine gemischte Nachkommenschaft zeugten, die „Metis".

Als im 18. und frühen 19. Jh. verschiedene Pelzhandels-Companien, wie die Hudson's Bay, die North West und schließlich die American Fur Company, Handelsposten immer weiter ins Innere des Kontinents verlegten, bildeten Waldläufer und Metis das Gros ihrer Angestellten (Engagés). Sie arbeiteten als Bootsmannschaften, Packer, Handelsgehilfen, Dolmetscher und Fleischjäger. Neben Metis französischer Abstammung gab es bald solche englischer, besonders aber schottischer Herkunft. Nicht engagierte Waldläufer waren im frühen 19. Jh. auch selbst als Pelztierjäger und Fallensteller („Free Trappers") tätig, besonders in den neuerschlossenen Rocky Mountains („Mountain Men"), wo sie immer mehr Zuzug durch Amerikaner erhielten. Zu allen Zeiten waren übrigens Waldläufer bei militärischen Unternehmen als Pfadfinder („Scouts") gesucht.

Mit indianischen Rindenbooten und Schneeschuhen, später auch mit Reit- und Packpferden sowie Karren zogen sie durchs Land. Indianisch waren Teile ihrer Kleidung, so die **Mokkasins** und die durch gewebte **Kniebänder** gehaltenen Leggings. Andere Stücke stellten in Material, Zuschnitt und Ausschmückung eine Kombination europäischer und indianischer Elemente dar: **Pelzmützen**, vorn offene **Lederjacken** und **Lederhosen**, aus Wolle gewebte **Schärpen**, **Schultertragtaschen** mit **Pulverhorn** sowie am Gürtel befestigte **Messerscheiden**. Derartige Trachtenteile kamen schon im 18. Jh. bei den Indianern selbst immer mehr in Mode. (L.D.)

(Abbildung: S. 13)

Karte: Indianische Stämme und Sprachen

Was als ein Stamm anzusehen ist, läßt sich nicht immer eindeutig definieren. Diverse amerikanische Behörden, Wissenschaftlergruppen oder auch Indianer selbst haben in dieser Frage unterschiedliche Auffassungen vertreten. Im Idealfall drückt sich die gemeinsame Abstammung von Stammesangehörigen durch mehrere Faktoren aus: eigene Sprache oder zumindest Dialekt, eigenes Territorium, gewisse Eigenheiten in der materiellen und geistigen Kultur, eigene Stammesnamen und letztlich als politische Führung ein gemeinsamer Rat von Häuptlingen. Dies traf zu für die Zuñi, Menomini, Winnebago, Omaha u.a. Sehr häufig war aber ein Stamm durchaus keine politische Gemeinschaft, sondern untergliederte sich in autonome Untergruppen, wie bei den Comanche, Crow, Hopi. Weder die Apache als Gesamtheit noch deren herausragende Untergruppen Chiricahua, Mescalero oder Jicarilla waren politische Gemeinschaften. Andererseits hatten Stämme ihre Autonomie aufgegeben und sich zu einer Konföderation zusammengeschlossen, wie die fünf, später sechs Stämme der Irokesen-Liga, oder weniger straff organisiert, wie die Blackfoot- und Caddo-Stämme. Die Kiowa schließlich, die politisch durchaus eine Gemeinschaft bildeten, hatten eine abstammungsmäßig und sprachlich völlig fremde Gruppe aufgenommen, die Kiowa-Apache.

Im Laufe der Geschichte verloren Stämme häufig ihr gemeinsames Territorium und spalteten sich in mehrere lokal getrennte Gruppen auf, was dann durch die Ansiedlung in Reservationen fixiert wurde, wie die nördlichen und südlichen Cheyenne, Arapaho, Ponca u.a. Schließ-

***Karte** der „Kulturareale" der Indianer Nordamerikas*

lich bildeten sich auch Stämme völlig neu, wie im 18. Jahrhundert die Seminole, während andererseits Dutzende von Stämmen durch Epidemien, aber auch durch Kriege so drastisch dezimiert wurden, daß sie nicht länger als eigenständige Gemeinschaften existieren konnten (Susquehanna, Beothuk, Natchez, Timukua).

Namen, unter denen die Stämme heute offiziell bekannt sind und die die Indianer in englischer Sprache selbst benutzen, sind ihnen überwiegend von französischen Waldläufern zugelegt worden, im Südwesten auch von den Spaniern. So sind die Namen selten Selbstbezeichnungen, wie Menomini, Siksika, Haida, Potawatomi, Ottawa. Häufiger sind sie einer fremden Sprache entnommen. So gehen „Assiniboin" auf ein Ojibwa-Wort und „Cheyenne" auf ein Dakota-Wort zurück. Nicht selten sind solche Namen auch verstümmelt worden, wie „Iroquois" (eingedeutscht Irokesen) oder „Sioux". Auch Schimpfnamen befinden sich darunter, wie „Sarsi = Nicht gut", oder „Winnebago = Stinkendes Wasser". Bisweilen hatten es sich die Waldläufer einfach gemacht und den Stämmen französische Namen zugelegt: Huron, Montagnais, Brulé, Nez Percé. Englische Namen, wie Crow und Fox, sind nur Übersetzungen französischer Namen. Spanischen Ursprungs sind beispielsweise Jicarilla und Mescalero. In Kalifornien schließlich sind die Pomo, Miwok, Yokuts und viele andere gar keine Stämme im obengenannten Sinn, sondern sprachlich und kulturell verwandte Gruppen, denen die „Stammesnamen" künstlich von Wissenschaftlern zugelegt worden sind.

Daß Sprachen verschiedener Stämme miteinander verwandt sein können und sich somit zu Sprachfamilien zusammenfügen lassen, ist im Falle der algonkinischen und irokesischen von Missionaren schon im 18. Jh. erkannt worden. 1891 war die Forschung so weit fortge-

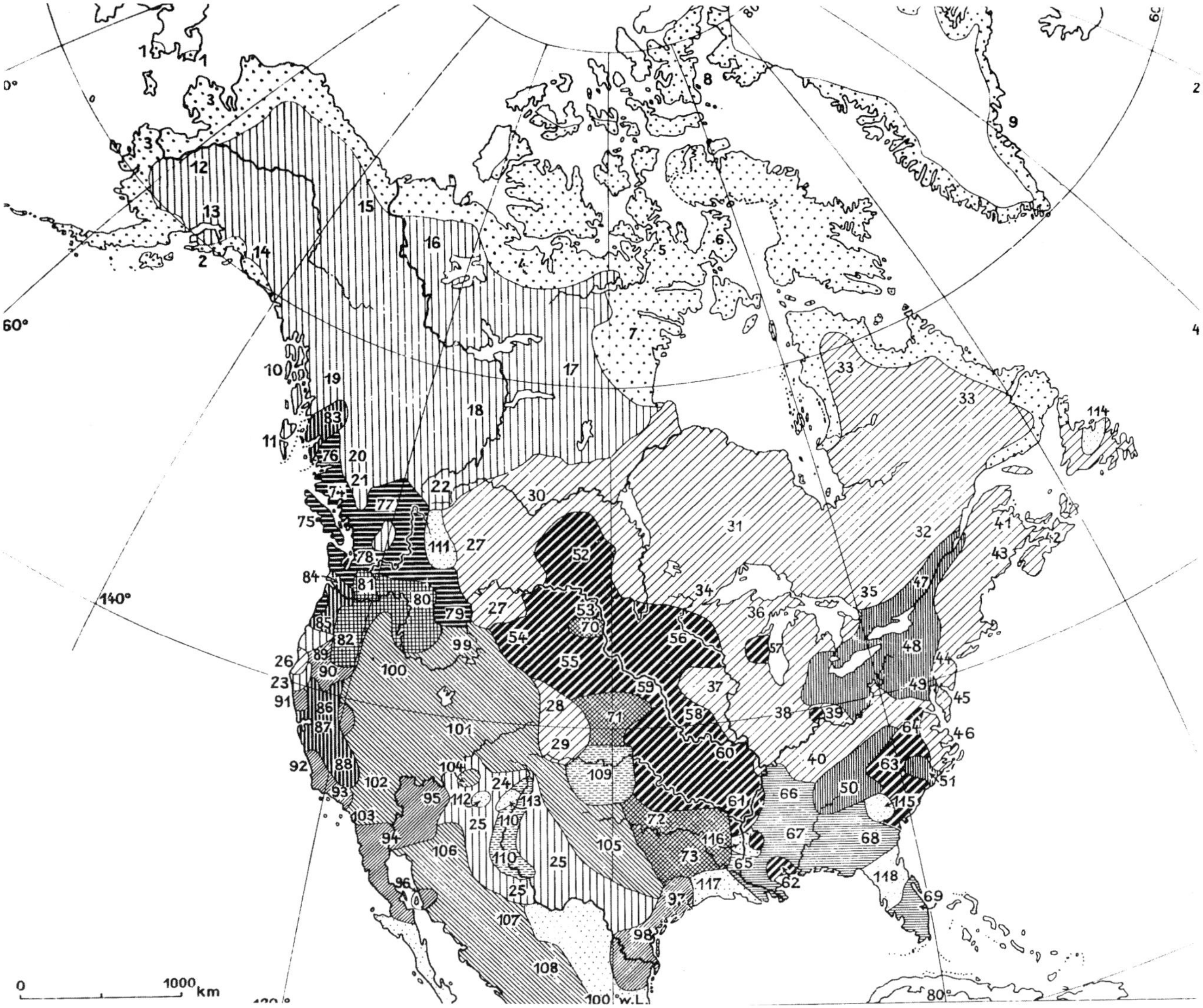

Karte *der indianischen Stämme und Sprachen*

schritten, daß Prof. Powell vom Bureau of American Ethnology eine Sprachenkarte Nordamerikas mit der Zuordnung aller faßbaren Stämme zu Sprachfamilien vorlegen konnte, die trotz des Mangels an historischer Betrachtung und verschiedener Irrtümer auch heute noch mit Abwandlungen akzeptiert wird. Sie zeigt einerseits die fast kontinentweite Verbreitung einiger Sprachfamilien über riesige Gebiete, wie der athapaskischen, algonkinischen, siouanischen, uto-aztekischen, andererseits extreme Aufsplitterung und Vielsprachigkeit besonders in Kalifornien und überhaupt an der Pazifik-Küste. Übrigens kann bei Zugehörigkeit zu einer Sprachfamilie die Verwandtschaft so eng sein, daß sich Leute zweier Stämme notdürftig verständigen können, etwa Montagnais und benachbarte Cree. Sie kann aber auch so entfernt sein, daß nur der Sprachwissenschaftler die Verwandtschaft zu erkennen vermag, wie etwa Cree und Blackfoot (obwohl beide ebenfalls aneinandergrenzen).

Stämme und Sprachfamilien
(nach: Hugo Bernatzik, Die Große Völkerkunde. Leipzig 1939)

Eskimo (Inuit)
1 Asiatische Eskimo (luit)
2 Pazifische Eskimo (Yupik)
3 Beringmeer-Eskimo
4 Copper-Eskimo
5 Netsilik
6 Iglulik
7 Caribou-Eskimo
8 Polar-Eskimo
9 Angmagssalik-Eskimo

Na-Dene/Athapasken
10 Tlingit
11 Haida
12 Ingalik
13 Tanaina
14 Eyak
15 Kutchin
16 Hare
17 Chipewyan
18 Beaver
19 Nahane (Tahltan, Tsetsaut)
20 Takulli
21 Tsilkotin
22 Sarsi
23 Hupa
24 Navajo
25 Apache

Algonkin
26 Wiyot und Yurok
27 Blackfoot
28 Arapaho
29 Cheyenne
30 Plains-Cree
31 Woods-Cree
32 Montagnais
33 Naskapi
34 Ojibwa
35 Ottawa
36 Menomini
37 Sauk
38 Kickapoo
39 Miami
40 Shawnee
41 Abnaki
42 Micmac
43 Penobscot
44 Mahikan
45 Lenape (Delaware)
46 Powhatan

Irokesen (Iroquois)
47 Huronen (Wendat)
48 Irokesen (5 Nationen)
49 Conestoga
50 Cherokee
51 Tuscarora

Sioux
52 Assiniboin
53 Mandan und Hidatsa
54 Crow
55 Teton-Lakota
56 Santi-Dakota
57 Winnebago (Chiwere)
58 Iowa, Oto (Chiwere)
59 Omaha (Dhegiha)
60 Osage (Dhegiha)
61 Quapaw (Dhegiha)
62 Biloxi
63 Catawba
64 Tutelo

Muskhogee
65 Natchez
66 Chickasaw
67 Choctaw
68 Creek
69 Seminole

Caddo
70 Arikara
71 Pawnee
72 Wichita
73 Caddo

Wakash
74 Kwakiutl
75 Nootka

Salish
76 Bella Coola
77 Lillooet, Shuswap
78 Coast Salish
79 Flathead

Shahaptin
80 Nez Percé
81 Klikitat
82 Lutuami (Klamath und Modoc)

Penuti
83 Tsimshian
84 Chinook
85 Coos und Takelma
86 Maidu und Wintun
87 Miwok
88 Yokuts

Hoka
89 Karok
90 Shasta
91 Pomo
92 Salina
93 Chumash
94 Yuma
95 Mohave
96 Seri
97 Tonkawa
98 Karankawa

Uto-Azteken
99 Shoshoni
100 Bannock
101 Ute
102 Paiute
103 Gabrieleño, Cahuilla usw.
104 Hopi
105 Comanche
106 Pima und Papago
107 Tarahumara
108 Tepehuano

Tano
109 Kiowa
110 Tano

Isoliert
111 Kutenai
112 Zuñi
113 Keres
114 Beothuk
115 Yuchi
116 Tunika (Tunika)
117 Chitimacha (Tunika)
118 Timukua

Sprachverwandtschaft hat nichts zu tun mit politischen Bündnissen, denn die Blackfoot beispielsweise waren mit den Cree fast immer verfeindet, hingegen mit den athapaskischen Sarsi verbündet. Ebensowenig bedeutet sprachliche zugleich auch kulturelle Verwandtschaft, denn von der Algonkin-Familie waren die Blackfoot Büffeljäger in der Prärie, die Montagnais Jäger und Fallensteller des subarktischen Waldlandes und die Sauk Maisbauern.

Wirtschaft und Kultur eines jeden Stammes wurden in starkem Maße durch die geographische Umwelt geprägt. So ist es seit dem ersten Versuch von Clark Wissler (1912), einem namhaften amerikanischen Ethnologen, üblich geworden, die Stämme verschiedener Regionen zu „Kultur-Arealen" zusammenzufassen, also Nordwestküste, Prärie, Östliches Waldland usw. Nach diesem Prinzip ist auch die Ausstellung gegliedert.
(Abbildungen: S. 7 und 8) (L.D.)

Indianer-Reservationen

Die Karte der indianischen Stämme und Sprachfamilien leidet unter dem nicht auszuschließenden Mangel, daß sie unhistorisch ist. Jeder Stamm ist etwa in jenem Gebiet verzeichnet worden, wo er zuerst mit den Europäern in Kontakt gekommen ist: die Delaware an der mittleren Atlantik-Küste, wo sie im 17. Jh. ansässig waren, die Kiowa in der südlichen Prärie, in der sie im 19. Jh. umherschweiften. Einen zeitlichen Schnitt kann man kontinentweit nicht ansetzen, denn von vielen Stämmen kennt man ihre Wohnsitze im 17. Jahrhundert nicht genau oder kann überhaupt sagen, ob sie zu dieser Zeit schon als solche existiert haben. Demgegenüber saßen im 19. Jh. die Delaware längst nicht mehr am Atlantik, sondern ein Teil westlich des Mississippi in Kansas, ein anderer nördlich des Erie-Sees in Kanada.

Es hat also sehr starke Verschiebungen der Stämme gegeben, und diese haben als Grundursache, daß den Ureinwohnern von Europäern ein ganzer Kontinent weggenommen worden ist. In Nordamerika verblieben einzelnen Stämmen nur bestimmte, für sie reservierte Gebiete, eben die „Reservationen". In Kanada und im Südwesten sind sie oft ein geringer Bruchteil des alten Stammesterritoriums. Andererseits wurde im 19. Jh. speziell in den USA eine Politik betrieben, die Stämme durch aufgenötigte Landabtretungsverträge aus dem immer dichter besiedelten Osten in die Prärien westlich des Mississippi abzudrängen, die anfänglich als wertloses Land galten. Als „Trail of Tears", als Zug der Tränen, wird die zwangsweise Umsiedlung der Cherokee, Creek und anderer Stämme des Südostens bezeichnet, weil unzählige Menschen dabei durch Hunger, Krankheit, Strapazen, Altersschwäche, Banditenüberfälle umgekommen sind. Diese Politik hatte zur Folge, daß sich heute die meisten und größten Reservationen westlich des Mississippi befinden, in den US-Staaten North und South Dakota, Montana, Arizona und New Mexico.

Einen speziellen Fall bildete das „Indian Territory" im heutigen Oklahoma. Dort kam es infolge zahlreicher Umsiedlungsaktionen zur Anhäufung von Stämmen aus verschiedenen Gebieten. Zu den einheimischen Caddo-Stämmen und Osage kamen u.a. Cherokee, Creek, Seminole aus dem Südosten, Sauk, Shawnee, Miami sowie Gruppen der Potawatomi, Kickapoo, Delaware aus dem östlichen Waldland. Um 1870 wurden hier die Kiowa, Comanche sowie Teile der Cheyenne und Arapaho aus den südlichen Prärien angesiedelt. Zeitweilig waren hier sogar Kriegsgefangene aus ganz entfernten Gebieten untergebracht, so Nez Percé, Modoc, Chiricahua-Apache. Diese Anhäufung hatte intensive wechselseitige Kontakte zur Folge, und ohne diese wäre die Ausbreitung des Peyote-Kultes oder der „pan-indianischen" Powwow-Tanzfeste überhaupt nicht möglich gewesen. Heute sind indianische Ansiedlungen in Oklahoma rechtlich keine Reservationen mehr, weil deren Ländereien um 1900 auf die Mitglieder der Stämme aufgeteilt worden sind. Daß bei diesem „Aufteilen" die Stämme nochmals um riesige Ländereien geprellt wurden, ist leider traurige Tatsache.

Anderswo blieben die Reservationen bis heute erhalten, zum Glück für die Stämme, muß man sagen. Reservationen waren und sind keine Gefangenenlager, selbst wenn um 1900 die Behörden des „Bureau of Indian Affairs" die Indianer in fast allen Lebensbereichen bevormundeten und bei mangelnder Fügsamkeit drangsalierten. Der 1934 von der US-Regierung erlassene „Indian Reorganization Act" ermöglichte es den Stämmen, sich als Interessenverbände und Einrichtungen der lokalen Selbstverwaltung zu konstituieren, freilich immer unter Aufsicht des Bureaus. Trotzdem waren damit viele Reservationen zu sich selbst verwaltenden und allein der Bundesregierung unterstellten, also von den Einzelstaaten unabhängigen Gemeinschaften geworden.

Wirtschaftlich autark sind dagegen Reservationen so gut wie nie gewesen, denn dafür mangelt es oft an landwirtschaftlich nutzbarem Boden, an Invest-Geldern und vor allem an Arbeitsplätzen. Immer mehr Indianer haben deshalb während der letzten Jahrzehnte ihre Reservationen verlassen, und heute lebt etwa die Hälfte in Städten. Dort kommen nun die Angehörigen der verschiedensten Stämme zusammen, und sie entwickeln immer mehr einen „pan-indianischen" Lebensstil.

Aber auch die Reservationen sind nicht immer Stammes-Reservate, denn dazu haben sich die Behörden zu oft über die Stammesgliederung hinweggesetzt – kenntnislos oder auch absichtsvoll. So wurden Stämme auf mehrere Reservationen verteilt oder umgekehrt Angehörige verschiedener Stämme in einer Reservation zusammengeführt. Reservate der Ojibwa oder Chippewa existieren beispielsweise in den US-Staaten Michigan, Wisconsin, Minnesota, North Dakota und Montana sowie in den kanadischen Provinzen Ontario und Manitoba. Demgegenüber wohnen auf der Fort Berthold-Reservation in North Dakota Reste dreier Stämme, der Hidatsa, Mandan und Arikara. Selbst alte Feinde wie Arapaho und Shoshoni wurden in der Wind River-Reservation in Wyoming zusammengepfercht. Es dauerte eine Zeit, bis aus Feindschaft gegenseitige Duldung und schließlich Zusammenwirken werden konnten. Nicht immer ist das gelungen, wie Auseinandersetzungen zwischen Navajo und Hopi in den letzten Jahren zeigen. (L.D.)

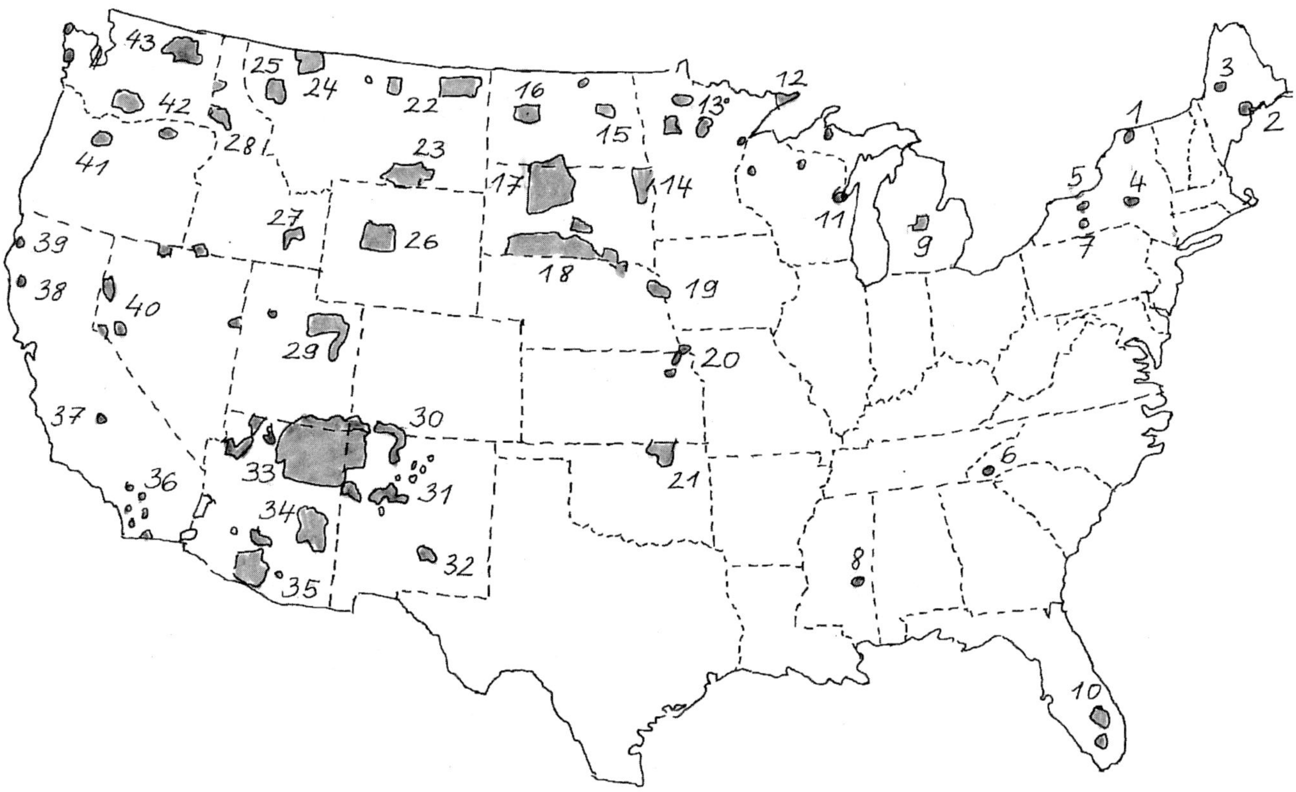

Indianer-Reservationen in den USA

1 St. Regis (Mohawk)
2 Penobscot
3 Passamaquoddy
4 Onondaga
5 Tonawanda (Seneca)
6 Cherokee
7 Oil Spring (Seneca)
8 Choctaw
9 Isabella (Ojibwa)
10 Big Cypress u.a. (Seminole)
11 Oneida
12 Grand Portage (Ojibwa)
13 Red Lake, White Earth u.a. (Ojibwa)
14 Sisseton (Dakota)
15 Fort Totten (Dakota)
16 Fort Berthold (Hidatsa, Mandan, Arikara)
17 Standing Rock, Cheyenne River (Lakota)
18 Pine Ridge, Rosebud u.a. (Lakota)
19 Omaha, Winnebago
20 Sauk, Fox, Kickapoo, Potawatomi
21 Osage
22 Fort Belknap, Fort Peck (Assiniboin, Atsina)
23 Tongue River (Cheyenne, Crow)
24 Blackfeet
25 Flathead
26 Wind River (Shoshoni, Arapaho)
27 Fort Hall (Shoshoni, Bannock)
28 Nez Percé
29 Uintah, Ouray (Ute)
30 Southern Ute, Jicarilla
31 Pueblos
32 Mescalero
33 Navajo, Hopi
34 San Carlos (Apache)
35 Papago
36 Mission Indians
37 Tule River (Yokuts)
38 Round Valley (Yuki, Pomo u.a.)
39 Hoopa Valley (Hupa, Yurok)
40 Pyramid Lake, Walker River (Paiute)
41 Warm Springs (Tenino, Paiute)
42 Yakima
43 Colville (Okanagan, Sanpoil, Spokane u.a.)

Archäologische Funde

Die meisten vorgeschichtlichen Gegenstände dieser Ausstellung wurden schon im vorigen Jahrhundert bei Amateur-Grabungen entdeckt oder zufällig im Boden gefunden. Ähnliche Kulturrelikte werden aber auch heute noch fast täglich irgendwo in Nordamerika aufgespürt. Allerdings kommt nur ein relativ begrenzter Teil dieser Altertümer durch wissenschaftliche Ausgrabungen zutage, da professionelle Reliquien-Jäger Jahr für Jahr Tausende von Indianergräbern ausrauben und zerstören. Die ungeheure Masse und die Vielfalt dieser Funde zeigen, daß die amerikanischen Ureinwohner schon sehr lange in ihrem Kontinent heimisch gewesen sein müssen. Zweifellos hat die Einwanderung von Ostsibirien über das heute überflutete Bering-Land nach Alaska wesentlich früher begonnen als bisher für möglich gehalten wurde. Die meisten Forscher datieren die ältesten Siedlungsspuren in Amerika auf mindestens 30.000 Jahre.

Unhaltbar geworden ist auch die lange vertretene Auffassung, daß Nordamerika vor Ankunft der Europäer extrem schwach bevölkert gewesen sei. Schon Größe und Zahl der zeitgleich bewohnten prähistorischen Dörfer sprechen gegen diese Annahme. Neuere Untersuchungen haben klargestellt, wie verheerend sich die „Entdeckung“ Amerikas (1492) für die Indianer ausgewirkt hat, die in vielen Gebieten schon in den ersten hundert Jahren ihres Kontaktes mit den Europäern 80 bis 95 % ihrer Bevölkerung verloren. Diese furchtbaren Verluste sind nicht nur durch die mit Feuerwaffen geführten Kriege verursacht worden, sondern vor allem durch Infektionskrankheiten (Pocken, Masern, Grippe, Keuchhusten), die in Amerika bis dahin unbekannt und denen die Indianer fast wehrlos ausgeliefert waren. Gerade die dichtestbesiedelten, verkehrsgünstig gelegenen Gebiete wurden zuerst und am radikalsten entvölkert. Die Täler des St. Lawrence und Mississippi, in denen die europäischen Entdecker im 16. Jh. noch zahlreiche Dörfer und stadtähnliche Siedlungen antrafen, sind 100 Jahre danach nahezu menschenleer gewesen. Selten mußten die ersten weißen „Pioniere“ ungebahnte Wildnis erobern und urbar machen. Meistens konnten sie sich in einer fruchtbaren, weitgehend entvölkerten Kulturlandschaft niederlassen. Überall da, wo im Osten Nordamerikas große Städte entstanden, hatte zuvor auch eine zahlenmäßig große indianische Bevölkerung gelebt.

Unbeantwortet bleibt häufig die Frage, zu welchem Volk die Bewohner einer vorgeschichtlichen Siedlung gehörten. Darum müssen die Reste vieler archäologischer Kulturen notgedrungen mit künstlichen Begriffen (z.B. Basket makers - „Korbmacher“) bezeichnet oder nach den heutigen Namen der Fundplätze (Folsom, Hopewell, Blackduck u.a.) benannt werden. Es gibt aber Stämme, deren Vorfahren schon seit vielen Jahrhunderten im selben Gebiet ansässig waren, wie Ausgrabungen in alten Dörfern indianischer Maisbauern (Irokesen, Pawnee, Mandan, Hopi) und Fischer (Makah) eindrucksvoll erwiesen haben. (R.K.)

Prähistorische Pfeifenköpfe *aus dem nördlichen Seengebiet. Die Pfeife in Vogelgestalt geht auf eine Bevölkerungsgruppe zurück, die wir nicht mehr identifizieren können. Vielleicht handelt es sich um Vorfahren einer Algonkin-Gruppe. Die mittlere Pfeife mit dem Punkt- und Ritzmuster kann man vermutlich irokesisch-sprachigen Völkerschaften Süd-Ontarios zuordnen. Die Sandsteinpfeife mit dem Menschengesicht wurde im Wohngebiet der Attiwandaronk („Neutral Nation“) gefunden. Sicher gehörte sie einst einem Angehörigen dieses Stammesbundes (Bestandsverzeichnis C1: 027; C1: 028; C1: 029).*

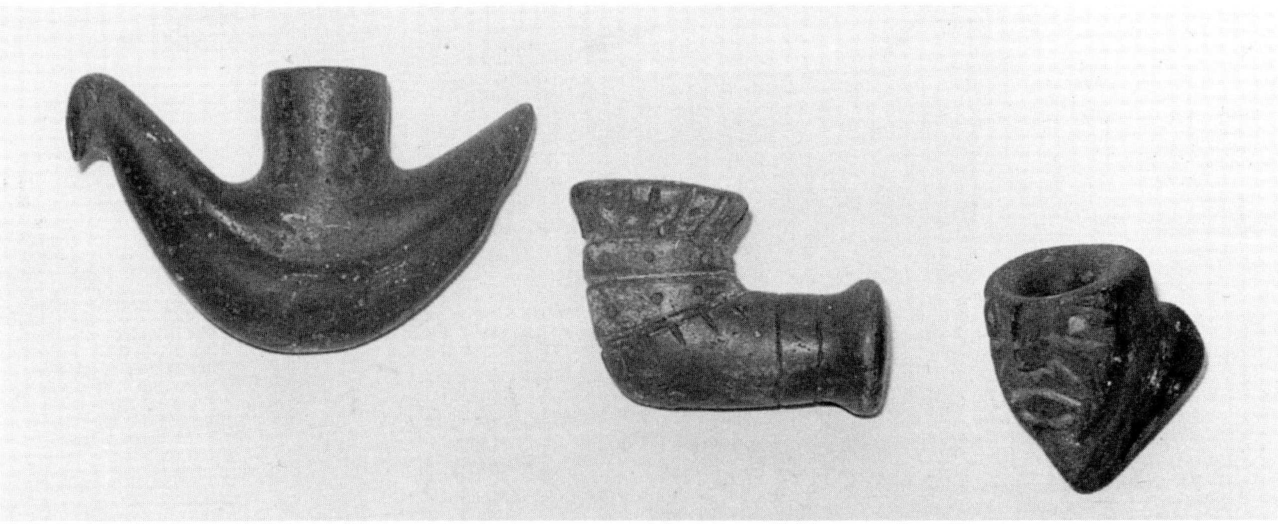

Kostümfigur „Waldläufer“. *Waldläufer aus dem französischen Kanada sind es gewesen, die zuerst zu den verschiedenen Stämmen Verbindungen geknüpft und ihnen oft die allgemein gängigen Namen zugelegt haben. Auch später waren es Waldläufer, die als Händlergehilfen, Dolmetscher u.a. engste Kontakte zu den Indianern hatten und oft mit ihnen verschwägert waren (B 2: 658 bis 677).*

(Text: S. 6)

Lederkleidung der Kutchin um 1900. Durch ihren Zuschnitt und die Ausschmückung nach dem Vorbild der halbindianischen Metis und Waldläufer galt sie als modisch und vornehm, so daß sie die ursprüngliche Ledertracht völlig verdrängte (C2: 045; C2: 046; C2: 049).

(Text: S. 17)

Kostümfigur: „Tlingit-Häuptling“. Die „Häuptlinge“ der Tlingit waren Männer von unterschiedlichem Rang und Prestige. Einige amtierten als Dorf- und Sippenhäupter, andere nur als Vorsteher eines großen Haushalts. Sie alle hatten das Vorrecht, Wappenzeichen zu tragen, die mit der legendären Geschichte ihrer Vorfahren verbunden waren. Ihre Ehren und Privilegien wurden nicht nur durch geschnitzte Pfähle und Hausbalken sichtbar gemacht, sondern ebenso durch Malereien auf geflochtenen Hüten, durch Webmuster auf Chilkat-Decken und Tatauierungsmarken auf dem Körper der Vornehmen (C14: 090; C14: 091; C14: 092).

(Text: S. 23/24)

Zeremonialdecke aus Schneeziegen-Wolle, Chilkat-Tlingit. Das Schwertwal-Muster gilt als das älteste Motiv, das die Chilkat übernommen und nachgearbeitet haben. Es gehörte einer ihrer berühmtesten Häuptlingsfamilien aus der mächtigen Kagwantan-Sippe (C4: 082).

(Text: S. 22/23)

Rabenrassel, nördliche oder mittlere Nordwestküste, spätes 19. Jahrhundert. Lieder und Rezitationen, mit denen die Häuptlinge ihre Autorität begründeten und Rivalen in die Schranken wiesen, wurden vom rhythmischen Schlag der „sasoo"-Rasseln begleitet. Sie gehörten zu den wichtigen Insignien eines großen Häuptlings (C14: 093).

(Text: S. 24)

Nulmal-Maske. *Mit demonstrativem Fehlverhalten und aggressiven Späßen stellten Mitglieder des „Narren-Bundes" während der Winterfeste alle sonst geltenden Ordnungen der Kwakiutl-Gesellschaft in Frage (C3: 078).*

(Text: S. 24)

Kachina-Figuren *der Hopi. In der Mitte der Fruchtbarkeitsdämon „Sio Humis", links der Menschenfresser „Chaveyo" und rechts eine Art Tanzbrett mit der Darstellung einer weiblichen Gottheit (C8: 140; C8: 142; C8: 143).*

(Text: S. 33/34)

***Gefäß** aus Birkenrinde (rechts) und **Tasche** aus der Fußhaut eines Wasservogels, beides von den Kutchin-Indianern Alaskas. Ganz ähnliche Hauttaschen waren bei den Nenzen (Samojeden) in Sibirien üblich (C2: 043; C2: 051).*

Athapasken in Alaska und Nordwest-Kanada

Diese Athapasken sind eine Gruppe sprachlich und kulturell eng verwandter Stämme, also der Kutchin, Tanaina, Dogrib, Chipewyan, Koyukon und anderer. Als Bewohner der subarktischen Taiga lebten sie ursprünglich von der Jagd auf Caribu-Rentiere, Elche, verschiedene Arten Nagetiere und Wassergeflügel sowie vom Fischfang. (L.D.)

Anklänge an Sibirien

Sicher ist, daß die Eskimo oder Inuit erst Jahrtausende nach den Vorfahren der Indianer den Norden Amerikas besiedelt haben. Ziemlich sicher ist auch, daß Vorfahren der Indianer in mehreren Schüben von Sibirien eingewandert sind. Die letzten Einwanderer, die dann zu Indianern wurden, sind offensichtlich die Stammväter der Athapasken gewesen, und diese werden hypothetisch mit einer archäologischen Kultur in Verbindung gebracht, die sich zwischen 5000 und 4000 v. Chr. in Alaska nach Osten und Süden ausbreitete. Tatsächlich finden sich im materiellen Kulturbesitz der Athapasken auffällig viele Elemente, die auch für sibirische Völker typisch sind, und zwar nicht nur solche, die mit dem Klima zusammenhängen, wie Schlitten und Schneeschuhe, sondern spezielle Dinge wie **Behälter aus Birkenrinde** und die merkwürdigen **Beutel** aus der aufgeblähten Haut von Enten- oder Schwanenfüßen. Die **Birkenrindenkanus** Alaskas mit ihren zugespitzten, oft mit einem Verdeck versehenen Enden unterscheiden sich beträchtlich von den Typen algonkinischer Stämme, während sie andererseits Ähnlichkeiten mit Booten speziell des Amur-Gebietes aufweisen. Linguistische Versuche jedoch, die athapaskische Sprachfamilie mit asiatischen Sprachen, etwa der sino-tibetischen, in genetischen Zusammenhang zu bringen, sind erfolglos geblieben. (L.D.)

(Abbildung: S. 18)

Lederkleidung der Kutchin

Die ursprüngliche Männerkleidung der Kutchin und verwandter Stämme zeigt einen eigenartigen Stil: Man trug ein sorgfältig geschneidertes Hemd aus Caribu-Leder, dessen Unterkante vorn und hinten in einer Spitze auslief und das mit zierlichen Gewebestreifen aus Stachelschweinsborsten, Rötelstrichen und Fransenreihen verziert war. Ähnlich geschmückt waren die Beinkleider, also Hosen mit angenähten Füßlingen oder Mokkasins. Dadurch wurde das Eindringen von Pulverschnee verhindert.

Nach Errichtung von Pelzhandelsposten durch die Hudson's Bay Company um 1845 stimulierten die bei ihr engagierten Metis und wohl auch Cree-Indianer neue Moden. Vorn **offene Jacken** aus gelbbraun geräuchertem Leder mit fransenumrandetem Schulterbesatz und Aufschlägen aus schwarzem Stoff, beides mit feinen Glasperlen in kurvenlinearen und pflanzlichen Motiven bestickt, wurden zu Beginn unseres Jahrhunderts besonders von Häuptlingen und wohlhabenden Männern getragen. Die Trennung der **Mokkasins** von den **Hosen** geht

Modell eines Birkenrindenkanus *von den Koyukukhotana (Koyukon), einer Athapasken-Gruppe nördlich des unteren Yukon River (C3: 080).*

ebenfalls auf die genannten Einflüsse zurück. Ein zu dieser Zeit schon sehr altertümliches, aber mollig warmes Kleidungsstück war eine Decke, geknüpft aus zusammengedrehten langen Streifen von Schneehasenfellen. (L.D.)

(Abbildung: S. 14)

Indianer der Nordwestküste

Die an der Pazifik-Küste Süd-Alaskas und Kanadas mit ihren unzähligen Fjorden und Inseln lebenden Stämme haben eine relativ einheitliche Kultur entwickelt, die auf Fischfang basierte. Lachse, die zur Laichzeit in riesigen Schwärmen die Flüsse hinaufziehen, Heilbutt, Dorsch, Hering, Kerzenfisch und andere Seefische sowie Robben und Wale, entweder frisch oder zu Trockenfisch und Tran verarbeitet, lieferten die Grundnahrung, während die Jagd auf Landtiere – Hirsche, Bergziegen, Dickhorn-Schafe, Bären – weniger wichtig war.

Nach Herkunft und Sprache hingegen sind die Stämme weit unterschiedlicher: die Tlingit und Haida im Norden sind entfernt mit der Athapasken-Sprachfamilie verwandt und werden gewöhnlich zusammen zur größeren Gruppe der Na-Dené gezählt. Weiter südlich sind die meisten Stämme zwei Sprachfamilien zuzuordnen, Kwakiutl und Nootka zur Wakash-Gruppe, Bella Coola und ein Dutzend kleinerer Stämme zur Salish-Familie. Beide Familien sind früher von einigen Sprachwissenschaftlern ungerechtfertigt zu einer „Mosanischen Sprachfamilie" zusammengefaßt worden. (L.D.)

Der Totempfahl

Totempfähle – für uns typische Wahrzeichen der nordwestlichen Indianerkultur – standen vor reichlich 100 Jahren an der Giebelseite der großen Plankenhäuser und auch auf Friedhöfen. Bei ersteren war mitunter noch die Einstiegsluke in die Basis des Pfahles eingearbeitet worden, letztere trugen in einem Kasten gelegentlich die Gebeine des Toten. Die übereinandergeschichteten Tiere und Gesichter waren nicht wirklich Totems, also Vorfahren und Verwandte, sondern vielmehr Wappen.

Bei den nördlichen Stämmen teilte sich die Bevölkerung in zwei große Clans: Wolf und Rabe bei den Tlingit, Adler und Rabe bei den Haida. Jeder Clan stammte von einer legendären Ahnfrau ab, und die Zugehörigkeit zu ihm vererbte sich immer in mütterlicher Linie. Auch durfte man nicht den Ehepartner im eigenen Clan wählen (Exogamie). Jeder Clan untergliederte sich wiederum in ein Dutzend oder mehr Sippen und Geschlechter, die meist nach Örtlichkeiten benannt waren und weitere Tiere als Wappen erworben hatten, also Schwertwal, Bär, Biber, Seelöwe, Frosch, Katzenhai u.a. Relativ schlicht waren die Gedächtnispfähle für Verstorbene, die nur ein oder wenige Tiere zeigten. Die Anhäufung an den Haus-Pfählen hingegen erklärt sich dadurch, daß die Wappen des Vorstehers des Hauses und die seiner Ehefrau dargestellt sind, also stets von beiden Clans.

„Totempfahl" der Haida-Indianer vor der „Villa Bärenfett". Die Pfähle vor den vornehmsten Häusern waren drei- bis viermal so hoch und hatten auch mehr Wappentiere vorzuweisen (C5: 089).

Am ausgestellten **Totempfahl der Haida** steht der Adler an zweiter Stelle. An seiner Brust liegt kopfabwärts ein Schwertwal, das häufigste Wappentier im Raben-Clan, zu dem auch der Bär an der Spitze gehört, der einen Heilbutt in seinen Pranken trägt. Heilbutt und auch die Frösche an der Basis sind weitere Wappen des Adler-Clans, und das Menschengesicht soll einen mythischen Helden darstellen.

Die Frösche und der Schwertwal mit der zurückgeschlagenen Schwanzflosse sind relativ realistisch dargestellt und koloriert, wohingegen Bär und Adler im charakteristischen Stil der Haida und Tlingit stark konventionalisiert wurden und nur an bestimmten Merkmalen, wie aufrechtstehenden Ohren und zähnestarrendem Maul bzw. krummem Schnabel, zu erkennen sind.

Haus- und Grab-Pfosten mit Schnitzereien haben eine lange Tradition, aber die riesigen, bis zu 15 Meter hohen Totempfähle kamen erst nach 1800 in Mode, als professionelle Holzschnitzer die im Pelzhandel erworbenen Eisenwerkzeuge benutzen konnten. Die Errichtung eines Pfahls war stets Anlaß zu einem aufwendigen Potlatch oder Geschenkfest. Als Ende des Jahrhunderts Missionen und Behörden solche Feste hintertrieben und verboten, stellten die Holzschnitzer nur noch Miniaturnachbildungen und Modelle für Touristen und Museen her. (L.D.)

Das Holzhandwerk

Die „Rote Zeder" (Thuja gigantea, eigentlich ein Lebensbaum) lieferte nicht nur Material für Totempfähle, sondern ihr Holz war, wie auch das anderer Koniferen, der Werkstoff schlechthin. Zwei unterschiedliche Bearbeitungstechniken wurden angewandt: Erstens das Herausschlagen und Aushöhlen mittels Breitbeil und Schnitzmesser. So entstanden die riesigen Einbaum-Boote, ferner **Schöpfkellen**, **Eßschalen**, Fettnäpfe, **Masken**, **Rasseln**, Blasinstrumente u.a. Zweitens wurden Bretter und Planken vom Stamm mit Keilen abgespalten und mit Breitbeil und Haifischhaut geglättet. Sie dienten zur Bedeckung der großen Mehrfamilienhäuser. Ferner wurden daraus Kisten, Kästen und auch **Kindertragen** hergestellt.

Wie bei letzteren wurden Bretter oft mit Fichtenwurzelfasern zusammengenäht, sonst auch mit Holzstiften zusammengepflockt. Die vier Wände eines Kastens entstanden gewöhnlich aus einem Brett, das für die Ecken tief eingekerbt, sodann mit Dampf erhitzt und geknickt wurde. Über Dampf gebogen wurden auch die großen hölzernen **Angelhaken** für den Heilbutt, die man bei Nichtgebrauch mit Faden umwickelte, damit die Spannung erhalten blieb.

Unverzierte Gegenstände, wie die Kindertrage oder die **Signaltute**, waren durchaus nicht die Regel. Ge-

Eßschale *in Robbenform, von den Haida von Masset Inlet stammend (C4: 069).* ***Hölzerner Schöpflöffel*** *der Haida (C4: 068).*

Paddel *der Haida, darauf ist stark stilisiert ein Wal rot und schwarz gemalt (Katalogzeichnung von H. Dengler, C5: 086).*

wöhnlich wurden auch Gebrauchsgegenstände mit dem Abbild eines oder mehrerer Wappentiere versehen – Zeichen des Besitzerstolzes oder beim Verschenken nachhaltige Erinnerung an den Spender!

Die **Eßschale** ist recht naturgetreu in Form einer Robbe geschnitzt, aber selbst sie zeigt die für den Haida- und Tlingit-Stil typischen „Augenornamente" an den Flossen. Bei dem **Schöpflöffel** und den **Bootspaddeln** sind die schwarz und rot konturierten Figuren schon stark stilisiert. Bei der plastischen Ausgestaltung von Löffeln, Schalen und Kämmen aus dem Horn von Dickhornschafen, Bergziegen oder später aus importiertem Rinderhorn wie auch bei den herrlichen Schieferarbeiten, wie sie nach 1820 von den Haida hergestellt und gehandelt wurden, folgte man dem in der Holzschnitzerei entwickelten Stil. (L.D.)

Kleidung und Gerät aus Flechtwerk

Schnitzen und Malen war Männer-Handwerk und wurde von Spezialisten ausgeübt, die für die Repräsentation der vornehmen Familien arbeiteten. Die Flechtkunst war dagegen ausschließlich eine Sache der Frauen und kam der eigenen Hauswirtschaft und dem Handel zugute. Die Frauen verflochten fein gespaltene Fichtenwurzeln zu **Körben**, Reusen und **Hüten**, sie knüpften Fischnetze aus Nesselfasern, verarbeiteten Tangstengel zu **Angelschnüren** und fertigten aus dem Bast der roten und gelben Zeder **Regenumhänge**, Schurze, **Matten**, Gürtel, Tragbänder, Harpunenleinen und feste Taue.

Hochgeschätzt waren die wasserdichten Körbe aus den Wurzeln der Sitka-Fichte, die bei den nördlichen Tlingit hergestellt und weit gehandelt wurden. Ihre feinen

***Geräte zur Rindenbast-Herstellung** der Tlingit. Mit einem Schälmesser aus Walrippe wurde die Bastschicht vom Stamm gelöst, danach mit einem gerieften Schläger aus Holz oder Walknochen bearbeitet, bis sie dünn und geschmeidig war (C3: 061; C3: 060).*

Muster entstanden durch „falsche Stickerei", indem die Wurzelfasern stellenweise mit gefärbten Gras-, Farn- und Schachtelhalm-Stengeln überflochten wurden. Im Gegensatz zu diesen eingearbeiteten geometrischen Ornamenten der Frauen („Bärenfährte", „Schmetterling", „Fischnetz", „Heilbutt-Schwanz" u.a.) weisen die von den Männern auf Textilien gemalten Motive einen ganz anderen Stil und Charakter auf. Denn auf den Matten und Hüten wurden ursprünglich die Wappen oder Embleme der Sippen und Clans in Gestalt mythischer Tiere abgebildet. (R.K.)

Chilkat-Decken

Einige dieser Wappentiere erscheinen allerdings auch als Webmuster auf den „Chilkat blankets", die bei festlichen Anlässen von privilegierten, wohlhabenden Männern und Frauen getragen wurden. Bei den Tlingit und Haida waren sie als Wertobjekte sehr geschätzt und gehörten zum kostbarsten Erbgut der Häuptlingsfamilien. Die Herstellung eines solchen Prunkstücks dauerte viele Monate, manchmal ein ganzes Jahr. Die Frauen benutzten dabei einen einfachen Webrahmen mit frei hängender Kette und flochten die Querfäden mit der Hand ein. Die Kettfäden bestanden aus dünnen, mit weißer Wolle umwickelten Bastschnüren, die Querfäden aus gefärbter Schneeziegen-Wolle. Die traditionellen Farben (braun-schwarz, gelb, grünlich-blau) wurden aus Borke, Faulschlamm, gelben Flechten und angeblich auch aus Kupferoxid gewonnen.

Diese Chilkat-Motive sind nicht aus Flechtornamenten, sondern aus dem heraldischen Malstil der Männer hervorgegangen. Sie wurden nämlich nach bemalten Musterbrettern gearbeitet und bei Bedarf immer wieder kopiert. Dem Unkundigen bleiben die Zeichen weitgehend unverständlich, weil fast alle Gestalten in Einzelmotive aufgelöst, Körperteile in „Gesichter" verwandelt und Gelenke als „Augen" wiedergegeben sind. Viele Details spielen auf mythische Geschichten an, die immer nur in bestimmten Familien überliefert wurden. Auch die Indianer waren oft außerstande, Wappenbilder anderer Sippen oder Stammesgruppen sicher zu deuten.

Deckelkörbchen *aus feingespaltenen Fichtenwurzeln. Diese Form wurde hauptsächlich in den 80er und 90er Jahren des vorigen Jahrhunderts von den Tlingit-Frauen in Süd-Alaska (Sitka) hergestellt und gehandelt. Im Deckelgriff sind kleine Rasselsteine oder Samenkörner eingeschlossen (C4: 064; C4: 065).*

***Zedernbastmatte**, angeblich Haida, wahrscheinlich Kwakiutl. Die geometrischen Randmuster wurden von den Frauen eingeflochten, die mythischen Tiere (Donnervögel) von Männern aufgemalt (alte Nr.: 555).*

Außerdem haben die Hersteller der gemalten Vorlagen gelegentlich auch Elemente verschiedener Wappen bewußt abgewandelt und miteinander vermischt, weil viele dieser Umhänge auf zeremonielle Weise verschenkt wurden oder durch Heirat an andere „Häuser" oder Verwandtschaftsgruppen kamen. So mußten die neuen Besitzer die überkommenen Symbole zu ihren eigenen machen und im Sinne ihrer Überlieferungen umdeuten. Die Decke des Tlingit-Häuptlings enthält z.B. Motive, die einmal als Wolfs- und ein andermal als Raben-Muster interpretiert worden sind.

In ihrer klassischen Form wurden diese Decken von etwa 1830 bis zur Jahrhundertwende bei den Chilkat, einem Tlingit-Stamm in Südost-Alaska, hergestellt. Die Vorlagen sollen ursprünglich von den Tsimshian übernommen worden sein. Alte Tlingit-Decken (Ende 18. und Anfang 19. Jh.), die sich auch in Gräbern erhalten haben, weisen noch ausschließlich geometrische Muster auf.

(R.K.)

(Abbildung: S. 15)

Tlingit-Häuptling

Die Indianer der Nordwestküste lebten in einer geschichteten Gesellschaft. Gewöhnlich gab es in jeder Siedlung Häuptlinge aus vornehmen Familien, die zusammen mit ihren nächsten Angehörigen eine Art Adelsschicht und Elite bildeten. Sie hoben sich aus der Masse der freien Stammesgenossen nicht nur durch ökonomische Vorrechte heraus, sondern vor allem durch bestimmte soziale und zeremonielle Privilegien. Adligen und Freien stand eine (nicht sehr große) Schicht von Sklaven gegenüber, die meistens bei Überfällen auf fremde, im Binnenland wohnende Stämme erbeutet wurden oder durch Kauf zum erblichen Eigentum ihrer Herren geworden waren.

Innerhalb der Stammes-Aristokratie gab es bedeutende Rangunterschiede. Die Autorität der Häuptlinge wurde zum großen Teil durch das Ansehen ihrer „Häuser" begründet, d.h. durch die Zugehörigkeit zu einer mehr oder weniger geachteten und einflußreichen Verwandtengruppe. Die ererbte Stellung mußte jedoch durch Anhäufen und Zurschaustellen wertvoller Gegenstände und Handelswaren, vor allem aber durch großzügiges Verschenken immer wieder unter Beweis gestellt werden. Darum unterschieden die Tlingit deutlich zwischen der erblichen Würde des „Hausherren" und dem erworbenen Status des „reichen Mannes", der sich durch ein Potlatch-, d.h. ein Geschenkverteilungsfest, einen großen Namen gemacht hatte.

Die verschiedenen Tlingit-Stämme oder Dialektgruppen (wie die Yakutat, Chilkat, Sitka u.a.) bevölkerten die gesamte Küste Südost-Alaskas und die vorgelagerten Inseln. Auf Grund ihrer begünstigten Zwischenhändler-Stellung waren sie nicht nur wesentlich am Austausch zwischen Küsten- und Inland-Stämmen (Athapasken) beteiligt, sondern standen auch seit Ende des 18. Jahrhunderts in regem Verkehr mit russischen, britischen und amerikanischen Seefahrern und Pelzhändlern.

Der Pelzhandel hat das Potlatchwesen stark gefördert und beeinflußt. Während einige Häuptlinge großen Gewinn daraus zogen und immer wohlhabender und mächtiger wurden, stiegen neben ihnen ebenfalls reichgewordene Emporkömmlinge auf. Mehr und mehr forderten diese die Würdenträger der traditionellen Häuptlingsfamilien heraus, die beanspruchte Rangstellung durch bedenkenloses Verteilen, ja Verschleudern ihres Reichtums zu beweisen. Neben traditionellen Wertgeschenken – Umhänge aus Seeotterfellen, geschnitzte Vorratskisten, Kanus und Sklaven – wurden nun vor allem Wolldecken von der Hudson's Bay Company, Gewehre, Pulverfässer, Tabak und Kupferplatten gehortet und verschenkt. Prestigestreit zwischen rivalisierenden „Häusern" wurde nach 1850 kaum noch durch kriegerische Aktionen gelöst und nach 1865 ausschließlich auf unblutige Weise – beim Potlatch – ausgetragen.

Anlässe für solche Beschenkfeste ergaben sich vor allem bei Begräbnis- oder Gedenkfeiern für verstorbene Häuptlinge, bei der Namensgebung bevorzugter Kinder aus adligen Familien und beim Bau eines neuen Plankenhauses. Wenn die Veranstalter genügend Besitztümer erwirtschaftet bzw. zusammengeborgt hatten, luden sie Gäste aus anderen Dörfern oder benachbarten Stämmen ein und bewirteten und beschenkten diese so großzügig, daß sie selbst aus solchen Feiern in der Regel zwar mit großen Ehren, aber nicht selten mittellos und verschuldet hervorgingen. Bei diesen Gelegenheiten stellten die Einladenden alle ererbten und gewonnenen Würdezeichen zur Schau, um ihre hervorgehobene Stellung möglichst überzeugend darzustellen und zu legitimieren. Zu den wertvollsten Prestige-Gegenständen gehörten **geflochtene Hüte**, hölzerne Helme, mit Hermelinfellen geschmückte Kopfputze, Würdestäbe, **Rasseln**, Kupferplatten, mit Perlmuttstücken besetzte Umhänge sowie die im Chilkat-Stil gewebten **Decken**, Mäntel und **Tanzschurze**. (R.K.)

(Abbildungen: S. 14/15)

Die Rabenrassel

Bei ihren Potlatch-Festen hielten die höchstrangigen Männer oftmals eine aus leichtem Holz geschnitzte Rassel in den Händen, die sie bei ihren herausfordernden Reden schwangen. Diese Rasseln hatten fast immer die Gestalt eines mythischen Vogels („sasoo"), meistens eines Raben, Adlers, Kormorans oder Austernfischers. Im Laufe des 19. Jh. kamen Rasseln mit dem mythischen Raben Yelch (Yetl) immer mehr in Gebrauch. Sie zeigen ihn mit einem glimmenden Feuerbrand im Schnabel, den er zu den Menschen trägt und mit dem er Wärme und Licht bringt. Yelch spielt eine herausragende Rolle in den mythischen Geschichten aller nördlichen Küstenstämme.

Ursprünglich scheinen die Vogelrasseln Geräte der Schamanen oder Medizinmänner gewesen zu sein, worauf u.a. auch die Gestalten und Szenen auf dem Vogelrücken hinweisen. Nicht selten zeigen sie den siegreichen Schamanen, der einen bösen Zauberer martert oder bindet. Noch häufiger ist ein auf dem Rücken (in Trance) liegender Mensch abgebildet, dem ein übernatürlicher Helfer in Tiergestalt (Otter, Hermelin oder Frosch) seine Zauberkraft überträgt.

Diese letztere Form ist schließlich zur typischen Häuptlings-Rassel geworden. Spezialisierte Handwerker in den Dörfern am Nass River haben sie wahrscheinlich schon im 18. Jh. für die Häuptlinge der Nishga (Tsimshian) hergestellt und später auch an die Oberhäupter benachbarter Stammesgruppen vertauscht. Gegen Ende des 19. Jh. war die Rabenrassel bei allen nördlichen und mittleren Stämmen – von den Tlingit bis zu den Kwakiutl – ein charakteristisches Würdezeichen hochgestellter und mächtiger Persönlichkeiten.

Die aus zwei Teilen zusammengefügten dünnwandigen Instrumente mit den sauber herausgearbeiteten Figuren konnten in so vollendeter Form nur mit im Handel erworbenen Stahlklingen geschnitzt werden. Sie markieren zweifellos einen erst spät erreichten Höhepunkt in der indianischen Kunst der Holzbearbeitung. (R.K.)

(Abbildung: S. 15)

Geheimbund-Masken

Während die Sommermonate hauptsächlich für wirtschaftliche Aktivitäten in den Fischfang- und Sammelgebieten genutzt wurden, war das Winter-Halbjahr bei allen Küstenstämmen die Zeit der großen Zeremonien. Bei den Kwakiutl und Nootka war in diesen Monaten sowohl das sonst geltende Clan-System außer Kraft gesetzt wie auch die gewohnte Unterscheidung der sozialen Schichten. Niemand durfte während der Winterzeremonien mit seinem Adelstitel angeredet werden. Dann veranstalteten die Geheimbünde ihre Tanzfeste, in denen sie die Abenteuer und Erlebnisse der Vorfahren mit den Schutzgeistern und die Gewinnung übernatürlicher Kräfte auf dramatische Weise vorführten. Darsteller und Tänzer bedienten sich dabei oftmals ungewöhnlicher Requisiten und raffinierter Theaterkünste, um nichteingeweihte Zuschauer zu beeindrucken.

Bei den Kwakiutl, die den Norden von Vancouver Island und die benachbarte Küste besiedelten, hat das Geheimbundwesen in besonders entwickelter Form bestanden. Auch die Mitgliedschaft in den wichtigen ranghöchsten Bünden – den „Menschenfressern", „Grizzlybären" oder „Narren" – war mit großen materiellen Ausgaben, mit Festen und Geschenkeverteilen verbunden und brachte erheblichen Prestigegewinn. Die geheimen Gesellschaften besaßen bestimmte, für sie charakteristische Tänze, Lieder, Kostüme, Masken und Abzeichen.

Die beiden hier ausgestellten **Masken** gehörten Mitgliedern des „Narren-Bundes" (Nulmal), deren Erscheinen den Dorfbewohnern mit einer schrilltönenden **Zeremonialpfeife** angekündigt wurde. Die Maskentäger stellten geistbesessene, verwirrte Leute dar, die in schmutziger Kleidung aus rotgefärbtem Zedernbast, mit struppigen Haaren und schleimverschmierten Nasen durch die Siedlungen zogen und sich gegen alle üblichen gesellschaftlichen Normen stellten. Sie ahmten damit den Stifter des „Narren-Bundes" nach, von dem die mythische Geschichte erzählt, daß er sich nach einem Besuch im Geisterland wie ein Tollwütiger aufgeführt, menschliche Sitten verlernt hatte und erst allmählich wieder „gezähmt" und zu sozialem Verhalten erzogen werden konnte. Ausbrüche und Tollheiten dieser gefährlichen „Spaßmacher" wurden als eine Art Therapie aufgefaßt, die ihnen helfen sollte, von ihrer zwanghaften Aggressivität und Besessenheit loszukommen. (R.K.)

(Abbildung: S. 16)

Ledermalerei

Bemalte Lederarbeiten der Nordwestküsten-Indianer sind in völkerkundlichen Sammlungen nicht sehr häufig vertreten. Fast alle bekannten Stücke stammen von nördlichen Stämmen, insbesondere den Tlingit. Es sind hauptsächlich Lederrüstungen, Kriegshemden, Schamanen-Umhänge und Tanzschurze, die mit stilisierten Ornamenten, seltener mit Tierfiguren, verziert sind.

Alle diese Beispiele haben wenig Ähnlichkeit mit der **Elchleder-Malerei** in der hier beschriebenen Sammlung. Gestaltung und Inhalt der dargestellten Szene weisen auf eine eher südliche Herkunft hin, und die dekorativen Elemente und Muster entsprechen ziemlich genau dem Malstil der Nootka. In der Tat erinnern die rot und schwarz gemalten Tierwesen an die Figuren auf den hölzernen Fassaden und Wandflächen der Nootka und Kwakiutl, die im späten 19. Jh. meist auf Wandbehänge aus Stoff übertragen wurden. Diese Bilder sollten über den mythischen Ursprung von Zeremonien und ererbten Privilegien Auskunft geben.

***Bemalte Elchhaut**, angeblich Tlingit oder Ahtena, wahrscheinlich mittlere Nordwestküste. Der Maler dieser Figuren hat den rücklings auf dem Meer treibenden Seeotter (Kalan) und den blasenden Wal recht naturalistisch gezeichnet. Trotzdem wollte er sicher keine realen Tiere darstellen, sondern übernatürliche Wesen. Er hat darum auch innere Teile – Rückgrat, Rippen und lebenswichtige Organe – sichtbar gemacht, die als Sitz der Lebenskraft angesehen wurden (C5: 084).*

Es ist gut möglich, daß die bemalte Elchhaut eine ähnliche Funktion gehabt hat. In beiden Fällen sind übernatürliche Wesen abgebildet, die in den Winterzeremonien dieser Stämme eine Rolle spielten, vor allem Wölfe, Blitzschlangen, Wale und Donnervögel. Oftmals haben die Indianer diese mächtigen Tiergeister im sogenannten „Röntgenstil“ abgebildet, der die gedachte innere Struktur (das Skelett und die „Lebenslinie“ vom Maul zu den inneren Organen) wiedergibt. Die Anordnung der Figuren erinnert an die Vorstellung von den verschiedenen Schichten des Universums, die nach indianischer Auffassung von vier mächtigen Häuptlingen (der oberen Region, des Horizonts, des Festlandes und der Meerestiefe) verwaltet wurden. (R.K.)

Indianer Kaliforniens

Schon in vorkolumbischer Zeit ist Kalifornien eines der am dichtesten bevölkerten Gebiete Nordamerikas gewesen. Die reichlich vorhandenen Wildpflanzen-Vorkommen (Eicheln, Beeren, Grassamen, eßbare Wurzeln, Zwiebeln, Knollen), der dichte Bestand von Hirschen, Kaninchen und Federwild und die alljährlich auftretenden Lachs- und Aalschwärme lieferten den hier lebenden Stämmen eine ausreichend gesicherte Nahrungsgrundlage. So konnten sie sich relativ mühelos durch Sammeln, Ernten, Jagen und Fischen ernähren.

Wirtschafts- und Wohnweise, Kleidung und Hausrat der kalifornischen Indianer erscheinen oft einfach, ja urwüchsig. Sie sind jedoch fast immer Ergebnis einer langen Entwicklung gewesen und waren der natürlichen Umwelt in bewundernswerter Weise angepaßt.

Auffällig ist die große sprachliche Vielfalt auf relativ begrenztem Raum. Es gab mindestens 64 unterschiedliche Sprachen, die sich in eine weit größere Zahl von Dialekten aufspalteten und die oft von nur wenigen hundert Menschen gesprochen wurden. Die meisten Stämme im Norden (Karok, Pomo, Yana u.a.) werden einem hypothetischen Sprachstamm, dem Hoka, zugeordnet, die Stämme in Zentralkalifornien (Wintun, Maidu, Miwok, Yokuts) als Penuti zusammengefaßt. Späte Einwanderer waren offensichtlich die Athapasken in Nordwest-Kalifornien (Hupa u.a.), deren Kultur viele eigenständige Züge aufweist. (R.K.)

Korbflechterei im westlichen Nordamerika

Auf *einem* Gebiet haben diese Indianer Werke hervorgebracht, die handwerklich und künstlerisch zu den vollkommensten ihrer Art gehören: in der Kunst des Flechtens. Daß diese Kunst aus sehr alten Traditionen erwachsen ist, haben archäologische Funde überzeugend belegt. Viele Relikte von jahrtausendealten Körben, Matten, Netzen, Schnuren und Sandalen haben sich in trockenen Höhlen erhalten.

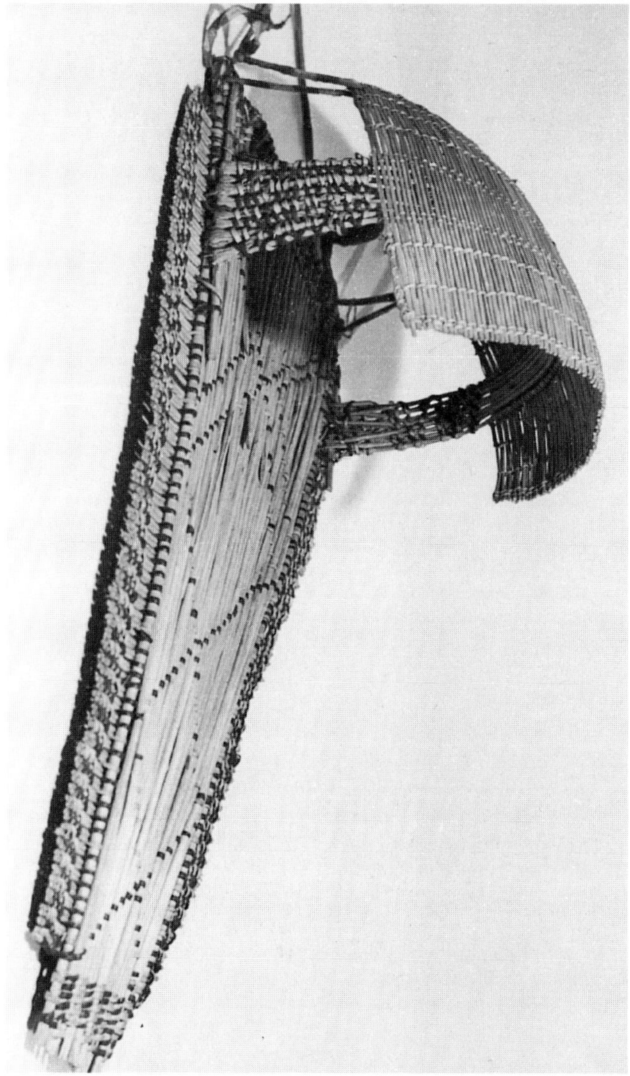

Geflochtene Kindertrage mit Sonnenschirm, *Yokuts. Ursprünglich benutzten die Yokuts in den Vorbergen der Sierra Nevada eine ältere Form der Kindertrage, deren Stützgerüst ein Y-gegabelter Stock war. Später kam eine Trage mit Sonnenschutz in Mode, die von den benachbarten Mono übernommen wurde (Monacho-Stil). Je nach Geschlecht des Neugeborenen wurde ein besonderes Muster eingeflochten. Die Trage mit dem Rauten-Ornament war für ein kleines Mädchen bestimmt (C7: 113).*

Korbschale für das Glücksspiel *mit eingeflochtenen Vogelschwarm-Mustern, Klamath. Die Körbe der Stämme in Nordwest-Kalifornien und Oregon sind ausschließlich in der alten Doppelfaden-Technik gefertigt. Dabei wurde ein Gerüst aus Ried-Stengeln (Tule) mit einem zweifach geführten dünneren Material umflochten (C6: 116).*

Korb aus Südkalifornien*. Für die Korbherstellung der südlichen Stämme war vor allem die Spiralwulst-Technik charakteristisch, bei der das Gefäß aus dünnen Weidenruten oder Grasbündeln aufgebaut und durch Umstechen fixiert und überflochten wird (C6: 118).*

Geflochtener Zeremonialköcher *mit Federbehang, Hupa. Solche kleinen zylindrischen Behältnisse gehörten zur Ausrüstung der Teilnehmer an der Welterneuerungs-Feier bei den Hupa und benachbarten Stämmen in Nordwest-Kalifornien (Yurok, Wiyot u.a.). Da bei dieser Zeremonie Insignien getragen wurden, die als Kostbarkeiten galten (große Obsidian- und Feuerstein-Klingen, weiße Hirschfelle und Kopfbälge von Spechten), ist zu vermuten, daß auch der geflochtene „Köcher" ursprünglich eine Art Schatzbehälter gewesen ist (C7: 111).*

Die Vielfalt der geflochtenen Geräte, die die Indianer Kaliforniens entwickelt hatten, glich den Mangel an Hausrat aus anderen Materialien weitgehend aus. Eine herausragende Rolle bei ihrer täglichen Arbeit spielten **Körbe** zum Sammeln, **flache Schalen** zum Trocknen oder Rösten, Lastkiepen und große Speicherbehälter. Auf Grund ihres festen Gefüges konnten die Körbe der Kalifornier auch als Wasserbottiche und Kochtöpfe verwendet werden. In solchen undurchlässigen Gefäßen wurde die alltägliche Eichelmehlsuppe durch Einwerfen erhitzter Steine zum Kochen gebracht.

Es gab Stämme, bei denen der allergrößte Teil ihrer materiellen Habe geflochten, geknüpft oder gebunden war: nicht nur die Netze, Reusen, Säcke, Siebe, Eßmulden, Schurze und Gürtel, sondern ebenso Wasserfahrzeuge („Balsa"-Flöße), Ballschläger, Pfeilköcher, Hüte, **Kappen,** Leggings, Sandalen und Winter-Schuhe. Und schließlich war auch die **Kindertrage**, die in fast keinem Gebiet Nordamerikas gefehlt hat, hier – natürlich – geflochten. (R.K.)

Festliche Frauentracht der Hupa

Korbartig geflochtene **Kappen** sollen ursprünglich den Zweck gehabt haben, den Druck des Stirntragbandes bei Kindertragen und Lasten zu mildern, waren aber allmählich Teil der alltäglichen und schließlich auch der festlichen Frauentracht geworden. Eine Vielzahl von Muschelperlenketten schmückte den Oberkörper, der aber sonst

Festliche Frauentracht *der Hupa, bestehend aus geflochtener* ***Kappe****, geschlitztem* ***Schurz*** *und ledernem* ***Hüftrock****. Nahezu identisch war die Tracht bei den Yurok, Karok und anderen Stämmen im nordwestlichen Kalifornien, obwohl diese ganz anderen Sprachfamilien angehören (C6: 104; C6: 096; C6: 095).*

unbekleidet blieb. Den Schoß bedeckte kokett ein schmaler **Fransenschurz**, dessen scheinbar zahllose Anhänger reihenweise mit Piniennußschalen, Strohzopfgeflechten und Fingerhüten dekoriert sind. Statt letzterer wurden früher Obsidian-Stückchen verwendet. Schließlich wurde um die Hüften ein Rock aus Hirschleder gebunden, der vorn etwas auseinanderklaffte, so daß der Fransenschurz darunter zum Vorschein kam.

Die Fransen am oberen Rand des Rockes enden ebenfalls in Piniennußschalen, Fingerhüten und einigen Haliotis-Muschelstücken. Darüber zeigen sie sämtlich mehrere feine Umwicklungen, entweder mit hellen Xerophyllum-Grashalmen oder schwarzen Adiantum-Farnstengeln, so daß eine zierliche Bandmusterung gebildet wird.

Eben diese Verarbeitungstechnik wurde im Norden und Osten Nordamerikas häufig bei Stachelschweinsborsten angewandt. Historische Zusammenhänge sind nicht auszuschließen, denn die Hupa gehören zur Athapasken-Sprachfamilie, und ihre Vorfahren sind wahrscheinlich erst ab etwa 900 n. Chr. in Kalifornien eingewandert. Allerdings könnten auch die benachbarten Yurok, die mit der Algonkin-Sprachfamilie entfernt verwandt sind, diese Technik eingeführt haben. (L.D.)

Kalifornische Federkunst

Der Gebrauch von Federschmuck gehört sicher mit zum ältesten gemeinsamen Erbe der indianischen Völker. Aber in keinem anderen Gebiet Nordamerikas sind Vogelbälge, Federn, Daunen und Kiele so ausgiebig als Schmuckmaterialien genutzt worden wie gerade in Kalifornien. Besonders erfindungsreich sind nord- und zentralkalifornische Stämme (Pomo, Maidu u.a.) gewesen, die eine erstaunliche Vielfalt von Zierformen und -techniken entwickelt hatten.

Die Symbolik der verschiedenen, oft überaus minuziös gearbeiteten Federzierate kann heute nur noch in den seltensten Fällen verstanden oder erschlossen werden. Denn diese Gegenstände hatten ursprünglich kultische Bedeutung, die in der Regel nur eingeweihten Männern in geheimer Belehrung offenbart wurde. Bei all diesen **Federhauben** und -kronen, den flaumverzierten Haarnetzen, den Kopfbinden, Haarsteckern und Umhängen handelt es sich fast immer um Teile von Zeremonialkostümen, die bei religiösen Feiern, Tiertänzen und Kultspielen (wie dem „Kuksu"-Kult) angelegt wurden. Sie waren stets für spezielle „Rollen", d.h. für Darsteller bestimmter mythischer Wesen, vorgesehen. Feder-Umhänge scheinen teilweise als eine Art Maskierung gebraucht worden zu sein. *(Fortsetzung S. 33)*

Frauenkleidung *der westlichen Apache. Klara May hat auf ihrer Amerikareise 1930 mehrere lederne Frauengewänder erwerben können. Möglicherweise war es relativ einfach, diese zu erhalten, weil sie nach Abschluß der Pubertätszeremonien ihren Zweck erfüllt hatten. Dagegen spricht, daß einige Stücke recht abgenutzt, repariert oder umgearbeitet sind. Das gezeigte Exemplar ist entschieden das prächtigste (C12: 167a und b).*

(Text: S. 40/41)

Kleiner Federkorb, *Pomo. Die mit winzigen Federn, Muschelplättchen und Haliotis-Gehängen verzierten Gabenkörbchen spielten eine bedeutsame Rolle bei den alljährlichen Totenfesten, in deren Verlauf man sie schließlich zu Ehren der Verstorbenen verbrannte. Eingeäschert wurden auch hinterlassene Muschelgeld-Vorräte (C7: 114).*

Tanzschmuck *aus Nord-Kalifornien. Für diesen Kopfschmuck wurden viele Schwanzfedern des kalifornischen Goldspechts zu einem Büschel gefaßt und auf einer ledernen Haube befestigt. Er war hauptsächlich in Nord-Kalifornien verbreitet. In ethnographischen Sammlungen haben sich nur wenige Stücke erhalten (C7: 112).*

Frauen-Tanzschmuck, *Pomo. Auch der traditionelle Frauen-Kopfputz der Pomo ist in Sammlungen nicht häufig vertreten. Eine abgewandelte, moderne Form dieses Diadems tragen heute die weiblichen Leiter und Prophetinnen der Bole-Maru-Religion, einer kalifornischen Variante der „Geistertanz"-Bewegung (C7: 109).*

(Text: S. 33)

Kostümfigur „Comanche-Krieger“. *Kämpfe zwischen Gruppen der Comanche und der Apache im 18. und frühen 19. Jh. prägten die Geschichte des Südwestens - eine Feindschaft, die auch in der Unterhaltungsliteratur reichen Niederschlag gefunden hat. Die Kostümfigur des Comanche ist nicht ganz so überzeugend wie die des Apache. Typisch für die Comanche-Indianer sind zwar die große* **Umhängetasche** *und auch die* **Mokkasins**, *die in ihrer Perlenverzierung einen speziellen Stil erkennen lassen. Auch die merkwürdig zugeschnittenen* **Beinkleider** *gehören dazu. Der* **Kopfputz** *aber aus rotgefärbtem Hirschhaar sowie die* **Halskette** *mit Bärenkrallen wollen schlecht zu einem Comanche passen (D20: 430 bis D20: 438).*

(Text: S. 39/40)

◄

Zwei Messerscheiden, *die Borsten sind bei der einen um zwei Holzspäne gelegt, bei der anderen in Dreieckband-Technik aufgenäht. Der Messergriff ist aus Horn (alte Nr.: 118, 135).*

(Text: S. 49)

Kostümfigur „Irokesen-Häuptling“. *Die mit Stachelschweinsborsten verzierten Ausrüstungsstücke, also Schurz, Schultertasche, Messerscheide samt Messer sowie Mokkasins stammen wahrscheinlich aus der Zeit um 1760 bis 1780, doch dürften nur die beiden letzteren mit einiger Sicherheit von Irokesen angefertigt worden sein (D2: 260 bis D2: 267).*

(Text: S. 49)

Hunka-Fellrobe *von den Lakota. Sie wurde von Mädchen und Frauen getragen, die durch eine Hunka-Zeremonie adoptiert worden waren. Das typisch asymmetrische Symbol, das gewöhnlich auf die Lederseite gemalt wurde, ist bei diesem Exemplar mittels Glasperlenstickerei dargestellt (D11a: 706).*

(Text: S. 66–69)

Zwei Medizinbeutel *der Midé-Gesellschaft. Der mit Borsten verzierte Beutel besteht aus einem Skunk-Balg, der leider die Behaarung völlig verloren hat und von den Santi-Dakota stammt. Der andere Beutel ist ein Otterbalg. Nach dem Stil der Perlenverzierungen zu urteilen - extrem konventionalisierte Pflanzenmotive in weißer Umrandung auf schwarzem Tuch -, könnte er von den Prairie Potawatomi, vielleicht auch Winnebago herrühren. Sein Inhalt ist erhalten geblieben: zwei Wurzeln oder Zweigstücke, zusammengebogen und verschnürt; ein Paketchen vergilbten Papiers, enthält ein gelblich-grünes erdiges Pulver; zwei Kaurischneckenschalen, in schwarzbraunes Seidenzeug eingebunden (D10: 535; D1: 224).*

(Text: S. 51)

(Fortsetzung von S. 28)

In vielen Fällen haben die Kalifornier ihre Schmuckfedern kunstvoll beschnitten und in z.T. höchst bizarrer Weise zu komplizierten Aufbauten arrangiert. In etwas einfacherer Form findet sich diese Ziertechnik auch an den **Männer-Kopfbinden** der zentralkalifornischen Stämme wieder. Diese breiten Schmuckbänder mit goldorange glänzenden Federzacken bestanden aus Schwanzfedern des kalifornischen Goldspechts, deren Fahnen mit Ausnahme der Spitzen entfernt und deren Kiele dann zu 60–70 cm langen Binden zusammengenäht wurden.

Auch bei den dekorativen Aufbauten des **Frauen-Tanzschmucks** der Pomo sind geschnittene Goldspecht-Kiele zu zierlichen Gehängen verarbeitet worden. Die Tänzerinnen trugen zu ihren geschmückten Kopfbinden aus Otter- oder Biberfell gewöhnlich noch einen wehenden Aufsatz aus schwarzen und scharlachroten Federn. Es ist bemerkenswert, daß bei relativ alten Stücken oft kleine Mengen europäischer Materialien verarbeitet worden sind, weil die Indianer sie zu dieser Zeit (noch) als besonders kostbare „exotische" Rohstoffe ansahen. So finden sich auch an dem ausgestellten Tanzschmuck ein paar alte zylindrische Glasperlen, roter (inzwischen verblichener) Stoff und kleine Drahtstücke.

Eine Besonderheit der kalifornischen Federkunst war das Einflechten von winzigen Gefieder-Teilen in Gürtel, Kopfbinden und Mäntel. Auch in dieser kunsthandwerklichen Technik haben die Pomo-Frauen wahre Meisterwerke geschaffen. Kleine Körbe wurden in der gleichen Weise verziert, so daß ihre Außenseite oft vollständig mit einem schöngemusterten Federpelz umkleidet war. Es sind einzelne Stücke bekannt, an denen die indianische Künstlerin drei Jahre gearbeitet und dabei nicht weniger als 230 Vogelbälge verbraucht hat. Ursprünglich sind diese Muster keineswegs bloß Verzierung gewesen. Die Pomo haben ihre **„Gabenkörbchen"** immer für bestimmte zeremonielle Anlässe hergestellt und sie – je nach Zweck und Bedeutung – auf besondere Weise geschmückt.

Die einzelnen Körbchen-Formen wurden durch spezifische Eigennamen unterschieden. (Es gab eine Art, die jungen Mädchen bei der Reifefeier überreicht, eine andere, die bei eingetretener Schwangerschaft verschenkt wurde, usw.) Bedeutung hatten ferner die Farben der jeweils verwendeten Vogelfedern. Bei dem ausgestellten „Gabenkörbchen" sind vor allem rote Federn vom Eichelspecht und grüne von der amerikanischen Stockente verarbeitet worden. Häufig haben die Indianer außerdem schwarze Büschel der kalifornischen Schopfwachtel, gelbe Federn des Wiesenstärlings und orangerote des Feuertrupials eingeflochten. Manchmal haben sie am Korbrande auch weiße **Muschelscheibchen** (die als „Muschelgeld" im Umlauf waren) aufgesetzt, kleine Gehänge mit Ornamenten aus Haliotis-Schalen angebunden oder rotgebrannte Magnesit-Perlen eingeknüpft.

(R.K.)

(Abbildung: S. 29)

Pueblo-Indianer

„Pueblos", also Ortschaften, Städte, Dörfer, nannten die Spanier zuerst im 16. Jahrhundert die eigentümlichen, aus luftgetrockneten Lehmziegeln oder Bruchsteinen gemauerten, oft mehrstöckigen Siedlungen der Indianer in Neu-Mexiko.

Mehr als zwei Dutzend Pueblos werden heute noch bewohnt: die der Tano- und Keres-Gruppen im Flußgebiet des Rio Grande und jene der Hopi – zur uto-aztekischen Sprachfamilie gehörig – auf den wüstenartigen Plateaus in Arizona. Das große Pueblo Zuñi liegt zwischen beiden Gebieten. Wie zahlreiche Ruinenstätten beweisen, läßt sich die Pueblo-Bauweise über 1000 Jahre zurückverfolgen, der Anbau von Mais, Bohnen und Kürbis über etwa drei Jahrtausende. (L.D.)

Kachina-Figuren der Hopi

Um für den Feldbau Regen und Gewitter, Sonnenwärme und Wachstum zu sichern, veranstalten die Hopi noch heute Kachina-Maskentänze alljährlich zwischen Wintersonnenwende und Hochsommer. Diese Zeremonien finden entweder auf der Plaza oder in einer „Kiva" – einem unterirdischen Kultraum – statt, wo auch die Vorbereitungen selbst getroffen werden. Jeder Tänzer stellt einen bestimmten Kachina, also Dämonen oder Gott dar, was durch eine spezielle Maske, eine typische Körperbemalung, Kleidung und besondere Attribute zum Ausdruck gebracht wird.

Der das Maiswachstum fördernde „Sio Humis" hat ein mundloses, zweigeteiltes Maskengesicht mit verschiedenfarbigen Hälften und Schlitzaugen. Darüber thront eine „Tablita", ein hoher Aufsatz aus dünnen Brettchen, stets bekrönt von drei halbrunden Wolken-Symbolen und bemalt mit zwei Maispflanzen, einem Regenbogen sowie Blütenrosetten an den Seiten. Der Menschenfresser „Chaveyo", der als Ordnungshüter und Kinderschreck auftritt, trägt eine schwarze Kopfmaske mit runden Glotzaugen, roten abstehenden Ohren, zähnebewehrter Schnauze, Haarbüscheln und Federn auf dem Scheitel und weiße Mondsicheln unter die Augen gemalt sowie einen Fellkragen und getüpfelte Körperbemalung.

Die Hopi kennen etwa 250 verschiedene Kachinas. Diese Vielzahl erklärt sich durch Unterschiede zwischen den einzelnen Pueblos, auch durch Entlehnungen von fremden Stämmen. „Sio Humis“, also „Zuñi Humis“, ist um 1890 aus dem Zuñi-Pueblo eingeführt worden, „Chaveyo“ wahrscheinlich aus dem Pueblo San Juan am Rio Grande.

Die aus Pappelholz geschnitzten **puppenähnlichen Figuren**, „Tihu“ genannt, waren um 1900 noch recht steif und grob gearbeitet, zeigten aber deutlich die Symbole der Kachinas. Sie wurden von den Tänzern an Mädchen und Frauen verschenkt, als Belehrungsmittel, Zaubergabe und auch Spielzeug. Die flache Figur ist kein echtes „Tihu“, sondern wohl ein **Tanzbrett**, wie es Frauen beim Fest des Marau-Bundes tragen. Dargestellt ist offensichtlich das Mädchen „Palhik Mana“, gekennzeichnet durch die „Regenbogenbemalung“ am Mund, einen mit Federn geschmückten Tablita-Kopfputz und Frauenkleidung.

(L.D.)

(Abbildung: S. 16)

Zeremonial-Ausrüstung der Pueblo-Indianer

Trotz aller Unterschiede der Masken und Körperbemalungen der einzelnen Kachina-Tänzer sind doch gewisse Ausrüstungsstücke sehr häufig: rockartige Schurze, gehalten von breiten **Schärpen** oder schmaleren Frauengürteln. Sie sind alle aus heimischer Baumwolle oder Schafwolle gefertigt und mit brokatartig eingewebten oder aufgestickten Ornamenten verziert. Weberei war fast überall Männersache, und die **Webrahmen** hingen meist in den unterirdischen „Kivas“. Zuletzt war Weberei fast ausschließlich bei den Hopi üblich, die ihre Produkte auch in andere Pueblos verhandelten.

Falls Kachina-Tänzern nicht spezielle Attribute, wie Pfeil und Bogen, **Zickzackblitzstab**, Korbschale, Rute oder Lasso zustehen, tragen sie in der linken Hand einen Tannenzweig, rechts eine Kürbisrassel. Als **Stampfrassel** hängt unter dem rechten Knie oder am Knöchel eine Schildkrötenschale mit klappernden Hirschhufen, ersatzweise auch ein Band mit großen Schellen. Die **Mokkasins** sind meist rotbraun oder blaugrün oder auch weiß eingefärbt und tragen bei den Zuñi ein Knöchelband mit eigenartiger Verzierung: parallel laufende Lederriemen sind mit weißen Stachelschweinsborsten oder schwarzem Pferdehaar umwickelt, so daß eine schachbrettartig gemusterte Fläche entsteht. Optisch wirkt es fast wie die Fellzeichnung von Skunksbälgen, die in einigen Rio Grande-Pueblos als Knöchelbänder dienen. Übrigens hängt hinten fast überall vom Gürtel der Tänzer ein Fuchsfell herab.

***Zeremonialtracht**teile der Pueblo-Indianer. Zuunterst **Mokkasins** der Zuñi aus rotbraunem Leder mit blaugrün bemalter Gamasche und einem schachbrettartig gemusterten Fersenband. Die dabei angewandte Stachelschweinsborstenarbeit ist völlig ungewöhnlich für Pueblo-Indianer und andere Südwest-Stämme. Typisch ist hingegen die **Stampfrassel**, aus einem Schildkrötenpanzer gefertigt, die am rechten Knie oder Knöchel getragen wird. Der schmale **„Frauengürtel“** ist von den Hopi vor 1930 gewebt worden, wird aber auch in anderen Pueblos gern benutzt, um den Tanzrock festzuhalten. Durch die eigenartige Webtechnik sind die Ornamente auf beiden Seiten quasi positiv und negativ zu sehen (C8: 149; C8: 148; C8: 135).*

***Breite Schärpe** der Hopi, aus ungebleichter cremefarbener Schafwolle gewebt. Die „Schauseite“, also das nach dem Verknüpfen herabhängende Ende, ist mit schwarzer, grüner, roter und blauer Wolle bestickt (C9: 129).*

Außer Rasseln ist eine große **Trommel** Begleitinstrument zu den Tänzen. Diese Form der Doppelfelltrommel hat ihr Vorbild möglicherweise in den Landsknechtstrommeln spanischer Soldaten des 17. und 18. Jahrhunderts.

Das **Wurfholz** für die Kaninchenjagd der Hopi ist im Grunde ebenfalls ein Zeremonialgerät. Die Jagd dient nicht etwa profan der Fleischversorgung, sondern ist mit vielen Ritualen verbunden und wird zu Festen als Kesseltreiben veranstaltet. Das Wurfholz ist folgerichtig auch Attribut verschiedener Kachinas, so von „Makto“ und von „Tcilikomato“. Es ist aus Eichenholz gearbeitet, aber trotz der Bumerang-Form keine rückkehrende Waffe. Die rote und schwarze Bemalung ist mit einem Harzüberzug fixiert. (L.D.)

(Abbildung: S. 36)

***Doppelfelltrommel**, Katalogangaben zufolge von den Southern Ute. In Form und Verzierung gleicht sie den Trommeln der Pueblo-Indianer und ist möglicherweise im Taos-Pueblo hergestellt bzw. dort erworben worden (alte Nr.: 1040).*

„Rabbit stick", das Wurfholz *der Hopi für die Kaninchenjagd. Es ist aus dem harten Holz der Gambell-Eiche (Quercus Gambelli) gearbeitet (C8: 136).*

Töpferei der Pueblo-Indianer

Zweifellos ist die Korbflechterei im Westen Nordamerikas um Jahrtausende älter als die Kunst der Keramik-Herstellung. Doch auch diese hat eine ehrwürdige, weit in die Vorgeschichte zurückreichende Tradition, deren Anfänge im Südwesten (um 300 v. Chr.) wahrscheinlich auf altmexikanischen Einfluß zurückgehen. Vor mindestens 1000 Jahren haben die Vorfahren der Pueblo-Indianer („Anasazi" – die Alten) begonnen, ihre Tongefäße mehrfarbig zu bemalen, wodurch die ältere graphische Technik der Schwarz-auf-Weiß-Zeichnung mehr und mehr zurückgedrängt wurde. Zahllose archäologische Funde in den alten Siedlungszentren des Chaco Canyon, der Mesa Verde u.a., die meistens ziemlich genau datiert werden können, haben ein detailliertes Bild von der Entwicklung der alten Töpferkunst entstehen lassen.

Diese Tradition, die auch während der spanischen Kolonialzeit (1598 bis 1821) lebendig geblieben war, schien im späten 19. Jh. unaufhaltsam zu verfallen und verlorenzugehen. Ihr Niedergang war ganz wesentlich durch den Bau der Eisenbahnlinie (Santa Fé Railway) verursacht worden, die 1880 das Pueblo-Gebiet erreichte. Dadurch konnten billige, industriell gefertigte Gefäße in großen Mengen eingeführt werden, die die Herstellung einheimischer Tonwaren größtenteils überflüssig machten.

Andererseits kamen nun zahlreiche Touristen ins Indianergebiet, deren schier unersättlicher Andenken-Bedarf den indianischen Töpferinnen neue Verdienstmöglichkeiten eröffnete. Auf Grund der eifrigen Nachfrage entstanden aber immer mehr Arbeiten von technisch und künstlerisch geringer Qualität, für die bald die

Bemalte Tonschale *im Nampeyo-Stil der Hopi, um 1930. Die Keramik der heutigen Pueblo-Indianer weist oft charakteristische Merkmale auf, so daß sie ohne Mühe einem bestimmten „Stammes-Stil" zugeordnet werden kann. Solche Kennzeichen sind aber in vielen Fällen nicht sehr alt und gehen oft auf einzelne, namentlich bekannte Töpferinnen zurück (C9: 127).*

Bezeichnung „Railway-Ware“ aufkam, weil sie hauptsächlich in der Nähe der Bahnstationen zu haben war. Schlichte, unverzierte **Gebrauchskeramik** (große Vorratsgefäße, Henkelkrüge) wurde immer seltener hergestellt. Traditionelle Zierformen erhielten sich höchstens noch bei zeremoniell genutzten Gefäßen, wie etwa den **Schalen für das Maismehl-Opfer** mit dem treppenförmigen Rand (einem alten Wolkenmotiv).

Daß es dennoch zu einer Weiterführung der fast verlorengegangenen Töpferkunst kam, ist in erster Linie Indianern zu danken, die bei wissenschaftlichen Ausgrabungen eingesetzt waren und dabei die künstlerisch ansprechenden Werke ihrer Vorfahren kennenlernten.

Bekannt ist die Wiederbelebung der Töpferei bei den Hopi der östlichen Mesa durch die befähigte Künstlerin Nampeyo, deren Mann Lesou 1895 bei archäologischen Arbeiten in der alten Siedlung Awatowi beschäftigt wurde. Nachdem er ihr einige Scherben der dekorativen „Sikyatki“-Keramik von dort mitgebracht hatte, wurde sie angeregt, deren Motive auf ihre eigenen Gefäße zu übertragen und zu variieren. Die von Nampeyo und ihrer „Schule“ gestalteten Arbeiten – wie die polychrom bemalte **flache Schale** in dieser Ausstellung – zeigen ein charakteristisches Dekor aus stark stilisierten Tierfiguren, bei denen das natürliche Vorbild allerdings kaum zu erkennen ist. Nicht selten steht eine abstrakt gestaltete Form („Federn“) für das eigentliche Symbol („Regenvogel“).

Auch die bedeutenden Werke, die in unserem Jahrhundert in San Ildefonso und Acoma entstanden sind, gehen zum Teil auf archäologische Vorbilder zurück. In anderen Fällen sind solche Beziehungen nicht so direkt nachweisbar, wie etwa bei den beliebten **Eulenfiguren** der Zuñi. Obwohl die Zuñi vor 1925 solche Plastiken offenbar nicht hergestellt haben, sind Gefäße in Vogelform durchaus Bestandteil der alten Keramik-Traditionen des Südwestens.

Andererseits haben die Indianerinnen – und in einigen Fällen auch ihre Männer – bewußt nach neuen Formen gesucht und mit verschiedenen Techniken und Materialien experimentiert. Zu Neuschöpfungen, die inzwischen schon Tradition geworden sind, gehören die **schwarzen glattpolierten Gefäße** („Vasen“) aus dem Santa-Clara-Pueblo. Als Touristenware sind schließlich auch **Miniaturtöpfe**, von denen einige kaum mehr als 5 cm hoch sind, in den Handel gekommen.

Durch das hauptsächlich von engagierten Künstlern geförderte Bemühen um eine neue Pueblo-Keramik von hohem ästhetischen und künstlerischen Rang ist heute im Südwesten der USA ein angesehenes indianisches Kunsthandwerk entstanden. Seine Spitzenleistungen sind längst für den internationalen Kunstmarkt interessant geworden, und signierte Arbeiten bekannter Keramikerinnen zählen heute zu hoch gehandelten Sammelstücken. (R.K.)

Töpferarbeiten der Zuñi: ***Gefäß*** *mit Hirschen und* ***Eulenfigur****, um 1930. Auch die Nachfrage auf dem Kunstmarkt hat die Auswahl der Schmuckelemente beeinflußt. So ist der Hirsch mit der „Lebenslinie“ zu einem häufigen Motiv der Zuñi-Keramik geworden (C9: 125; C9: 126).*

Navajo und Apache

Beide Völkerschaften gehören zur Athapasken-Sprachfamilie, und ihre Vorfahren sind erst um 1450 n. Chr., also nur wenige Jahrzehnte vor den Spaniern, im Südwesten Nordamerikas eingedrungen. Ihre vormalige Heimat ist das nordwestliche Kanada gewesen, wo ihre Sprachverwandten bis heute verblieben sind. In ihrer neuen Heimat lebten sie von der Jagd und vom Einsammeln der Wildpflanzen, aber auch von Beutegut. Immer wieder überfielen sie Pueblo-Indianer sowie die neu gekommenen Spanier, raubten ihnen Ernteprodukte, Pferde, Schafe und Wertgegenstände, verschleppten Frauen und Kinder in Gefangenschaft, um sie als Sklaven zu verkaufen oder zu adoptieren.

Daneben gab es auch friedliche Kontakte und Handelsbeziehungen, so daß vor allem die Navajo, trotz ihrer relativ kurzen Anwesenheit im Südwesten, durch Pueblo-Indianer und Spanier nachhaltig beeinflußt wurden und nun selbst Feldbau, Haltung von Pferden und Schafen, Töpferei und Weberei betreiben lernten. So sind die Navajo, die zunächst nur eine unter den verschiedenen Apache-Gruppen, wie Mescalero, Chiricahua, Jicarilla, Tonto und White Mountain-Apache, gewesen waren, immer mehr eigene Wege gegangen. Während der letzten reichlich 100 Jahre sind sie durch explosionsartiges Wachstum der Bevölkerung auf über 200 000 Menschen im Jahre 1990 zum größten Indianervolk Nordamerikas geworden und bevölkerungsstärker als alle übrigen Apache-Gruppen zusammengenommen. (L.D.)

Wolldecken und Silberschmuck der Navajo

Die Weberei haben die Navajo wahrscheinlich von Flüchtlingen gelernt, die nach der Niederschlagung der Revolte der Pueblo-Indianer durch die Spanier 1692 massenweise bei ihnen Zuflucht suchten. Sehr früh wies ihre Weberei eigene Züge auf, indem sie von Frauen betrieben und statt Baumwolle fast nur selbsterzeugte Schafwolle verarbeitet wurde. Wolle wurde naturfarben, also weiß oder dunkelbraun, belassen oder aber indigoblau gefärbt. Kurz vor 1800 kam scharlachrotes Garn hinzu, das man aus ausgefasertem englischen Flanellstoff neu versponnen hatte. Entscheidend erweitert wurde die Farbskala seit 1850 durch die Einfuhr von bunten Wollgarnen, zunächst aus Sachsen, später aus Pennsylvania, schließlich durch die Anwendung von Anilinfarben zum Färben heimischer Wolle. Gleichzeitig war die zunächst einfache Streifenmusterung durch eingefügte Rhomben, Dreiecke, Kreuze und Zickzackbänder immer mehr in den Hintergrund gedrängt worden. „Eyedazzler“, also Augenverwirrer, nennt man deshalb eine Decken-Art, weil deren Fläche völlig mit Reihen verschiedenfarbiger Dreiecke und Rhomben ausgefüllt ist.

Wolldecken dienten den Navajo zunächst als Kleidungsstücke, als Schlafbedeckung oder als Schabracke. Wegen ihrer Qualität wurden sie schon früh von benachbarten Pueblo-Indianern und Spaniern bzw. Mexikanern begehrt. Später wurden einzelne Stücke bis in die kanadischen Prärien gehandelt. Ab 1890 wurden Decken immer mehr für den Verkauf an weiße Amerikaner hergestellt, die sie als Teppiche benutzten. Demgegenüber verschwanden sie aus der Kleidung der Navajo, dazu

***Wolldecke** der Navajo, in einfacher Musterung und Färbung, 1930 von Klara May auf ihrer Nordamerika-Reise erworben. Derartige Exemplare benutzten die Navajo noch selbst als Satteldecken (C10: 158).*

waren sie nun zu teuer. Zwischenhändler nahmen zunehmend Einfluß auf die Ausgestaltung. So kam es zur Herausbildung lokaler Stile, zu Imitationen orientalischer Teppichmuster und zu bildlichen Darstellungen: Rinder, Vögel, Eisenbahnzüge, Yei-Gottheiten usw.

Die Herstellung von **Silberschmuck** hat eine andere Geschichte. Lange Zeit benutzten die Navajo silberne Knöpfe, Schnallen und Ringe spanisch-mexikanischer Herkunft. Erst seit 1860 stellten sie selbst Armreifen, Fingerringe, Halsgehänge, Beschläge für Gürtel und Zaumzeug her. Sowohl in den Bearbeitungstechniken - Gießen, Treiben, Punzen, Ziselieren – als auch in der Verzierung folgte man spanischen Vorbildern. Als Rohmaterial verarbeitete man zunächst Dollar- und Peso-Münzen. Türkis verwendeten zuerst Pueblo-Indianer. Sie bearbeiteten und durchbohrten die Steine und fädelten sie zwischen Muschelschalenplättchen zu **Halsketten** auf. Ab 1880 faßten die Navajo Türkise in Silber, und so erhielt der Navajo-Silberschmuck sein bis heute charakteristisches Aussehen. (L.D.)

***Wolldecke** der Navajo mit starken Benutzungsspuren (C10: 159).*

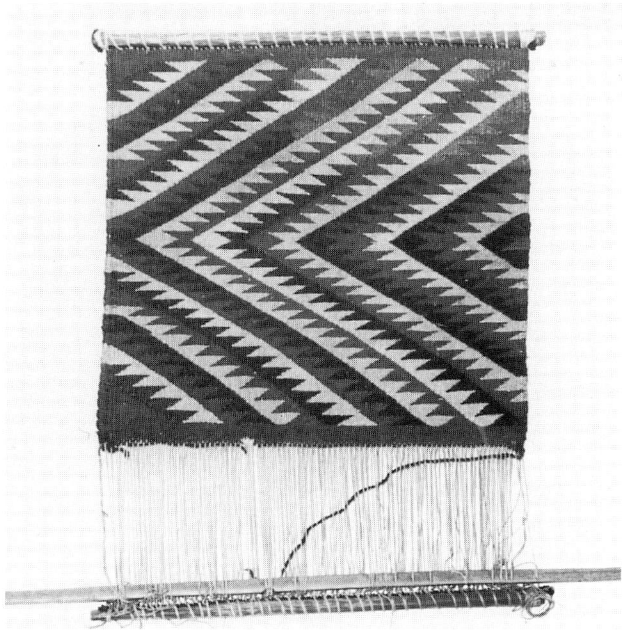

***Webrahmen** mit angefangenem Gewebestück, angeblich von Pueblo-Indianern, wahrscheinlicher aber von Navajo hergestellt, denn es zeigt anschaulich den „Eyedazzler“-Typ (C8: 130).*

Apache-Krieger

In einem Museum, das den Namen Karl Mays trägt, des Schöpfers der Gestalt des Winnetou, ist verständlicherweise dem Sammeln von Apache-Objekten besondere Aufmerksamkeit gewidmet worden, und deshalb ist diese Kollektion auch eine der bedeutendsten in den Museen Europas.

Wertvoll, weil schon der Mitte des 19. Jh. entstammend, sind Kleidung und Ausrüstung des Apache-Kriegers. Sowohl das sorgfältig geschneiderte **Lederhemd** wie auch die stiefelartig mit den Leggings verbundenen **Mokkasins** finden ihre Entsprechung in der Kleidung der Athapasken im subarktischen Kanada und Alaska, von denen sich die Ur-Apache vor mehr als einem Jahrtausend getrennt haben. Die Hartledersohlen der langschäftigen Mokkasins allerdings – stets mit der merkwürdigen hochgebogenen Spitze – sind eine Anpassung an den steinigen Boden der nunmehrigen Heimat und haben ihr Vorbild wohl in den Ledersandalen der Pueblo-Indianer.

Die Langschäfte wurden nicht immer bis zum Oberschenkel hochgezogen, sondern oft unterhalb des Knies mehrfach umgeschlagen, so daß man in der taschenartigen Falte allerhand Kleinigkeiten aufbewahren konnte.

Kostümfigur „Apache-Krieger". *Die gelbe Bemalung des Leders war eine Modesache und nicht etwa eine „Wüstentarnfarbe", wie das gelegentlich behauptet wird. Einer Tarnung dürften die blinkenden Messingknöpfe an der* ***Mütze*** *und auf dem Brustlatz sowie die Reihen klimpernder Blechhülsen auch nicht gerade dienlich gewesen sein. An der rechten Schulter, leicht zu übersehen, aber doch unentbehrlich, hängt die* ***Pinzette*** *zum Auszupfen der Barthaare. Der* ***Schurz*** *ist eine Museumsnachbildung, heute überflüssigerweise bemalt mit einer Vogelfigur (C13: 183 bis C13: 193). Historische Aufnahme von 1928.*

Der **Krieger-Mütze** wurde Zauberwirkung zugeschrieben, wobei der Federbüschel die Schnelligkeit eines Vogels verleihen, das schwarzbemalte Zackenband Wolken symbolisieren sollten.

Typisch ist auch die Bewaffnung: der doppelt geschwungene **Bogen** mit Sehnenverstärkung sowie der **Totschläger** mit einem in Leder eingenähten beweglichen Schlagstein, wohl zu unterscheiden vom Streithammer der Prärie-Stämme. Der kurze **Lasso**, aus Pferdehaarschnüren geflochten, war für den Raub von Pferden, Rindern und Schafen wichtig. Erbeutete Pferde und Maultiere wurden mitunter auch geschlachtet, und so ist der **Pfeilköcher** aus schwarzem Fohlenfell. Der **Schild** paßt zeitlich nicht zu den altertümlichen Waffen, denn er ist nur noch eine Attrappe. Über einen Holzreifen ist nicht einmal Leder, sondern Stoff gespannt, der die Bemalung trägt - zwei Reihen stilisierter Adlerfedern, auf der Rückseite ist ein Stück ungegerbten Jaguarfells eingeklemmt.

Als einige Dutzend Chiricahua-Apache unter den Häuptlingen Geronimo und Naiche in den Jahren bis 1886 den US-Truppen letzte Scharmützel lieferten, waren sie längst nicht mehr so gekleidet und gerüstet. Ihre Waffe war die Winchesterbüchse. Sie trugen Hemden, Schurze oder Hosen aus Baumwollstoff, eine breite Stirnbinde und einen Patronengürtel, bisweilen auch eine Weste. Nur die langschäftigen Mokkasins waren geblieben. (L.D.)

(Abbildung: S. 30)

Frauenkleidung der Apache

Des **Kleid** besteht eigentlich aus zwei Teilen, dem Rock und einem Oberteil. Dazu kommen noch die langschäftigen **Mokkasins**. Wie bei der Männerkleidung ist in der Ausschmückung ein bestimmter Stil zu erkennen: Das Leder ist überwiegend gelb gefärbt, partiell auch rotbraun oder grün. Beliebt sind blinkende Knöpfe aus Messing oder Alpaka, Reihen von klimpernden Blechhülsen und an den Nähten Lederfransen. Mit rotem Wollstoff unterfütterte Reihen von ins Leder geschnittenen Löchern sind typisch für die westlichen Apache. Hingegen fehlt der Schmuck aufgenähter Glasperlen entweder

__Lederrock,__ der untere Teil der farbig abgebildeten Frauenkleidung (C12: 167b). Daneben langschäftiger __Frauen-Mokkasin__. Das lange Oberteil wird mehrmals umgeschlagen, so daß schließlich das verzierte manschettenartige Endstück genau über dem Fuß sitzt (C12: 178).

ganz oder beschränkt sich auf schmale Streifen. Lediglich bei den Jicarilla waren breite, aus mehreren Gassen bestehende Stickstreifen üblich, auf denen simple großflächige Ornamente mit oft nur zwei Farben gebildet wurden. Hier zeigt sich der Einfluß der Präriestämme, von denen sicher auch die an dem ausgestellten **Obergewand** unmotiviert aufgenähten Perlengewebestreifen stammen.

Wie bei den Männern wurde die Lederkleidung der Frauen im Alltag bald durch Baumwollgewänder verdrängt, sie konnte sich jedoch als Zeremonialtracht bis heute erhalten. Jedes junge Mädchen durchläuft eine mehrtägige aufwendige Pubertätszeremonie und trägt dabei derartige Lederkleidung. Währenddessen stellt sie die Gottheit „Weiße-Muschelschalen-Frau" dar und ist deshalb verschiedenen Tabus unterworfen: Ihre Lippen dürfen keine Flüssigkeit berühren, sie darf sich nicht mit den Fingern kratzen. An einem **Halsgehänge** trägt sie deshalb ein spezielles Trinkröhrchen aus Vogelknochen sowie ein Kratzstäbchen. (L.D.)

(Abbildungen: S. 29 und 42)

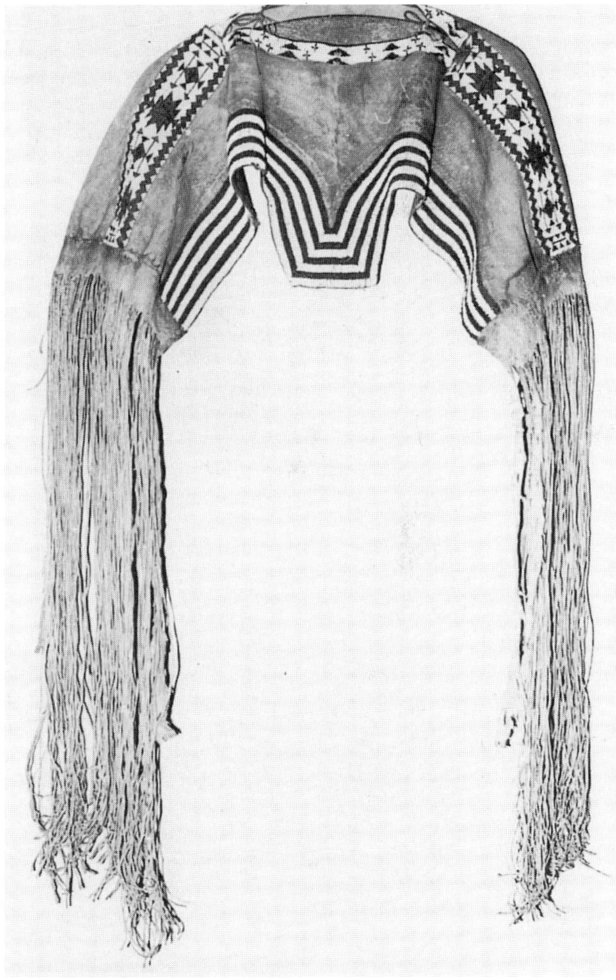

__Ponchoartiges Obergewand__ der Jicarilla-Apache. Im Sammlungskatalog wird es als Männergewand geführt, ist aber sicher das Oberteil einer Frauentracht. An einer der langen Lederfransen ist ein Kopfkratzstäbchen befestigt (C12: 171).

***Halsschmuck** aus verschiedenfarbigen Glasperlen, von jungen Mädchen bei Pubertätsfeiern der Apache getragen. Wichtigster Teil ist das Trinkröhrchen, aus einem hohlen Vogelknochen bestehend, im Sammlungskatalog fälschlich als Signalpfeifen-Attrappe bezeichnet. Ferner hängen ein kleines Kämmchen und ein Knochenstäbchen, die als Kopfkratzer dienen, daran (C11: 172).*

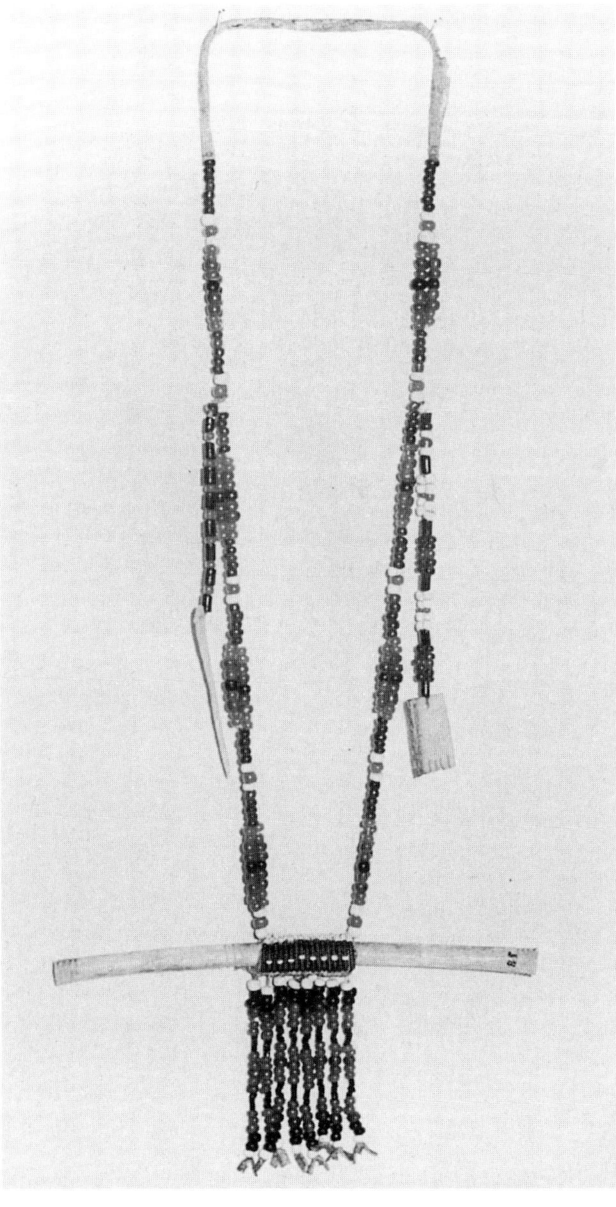

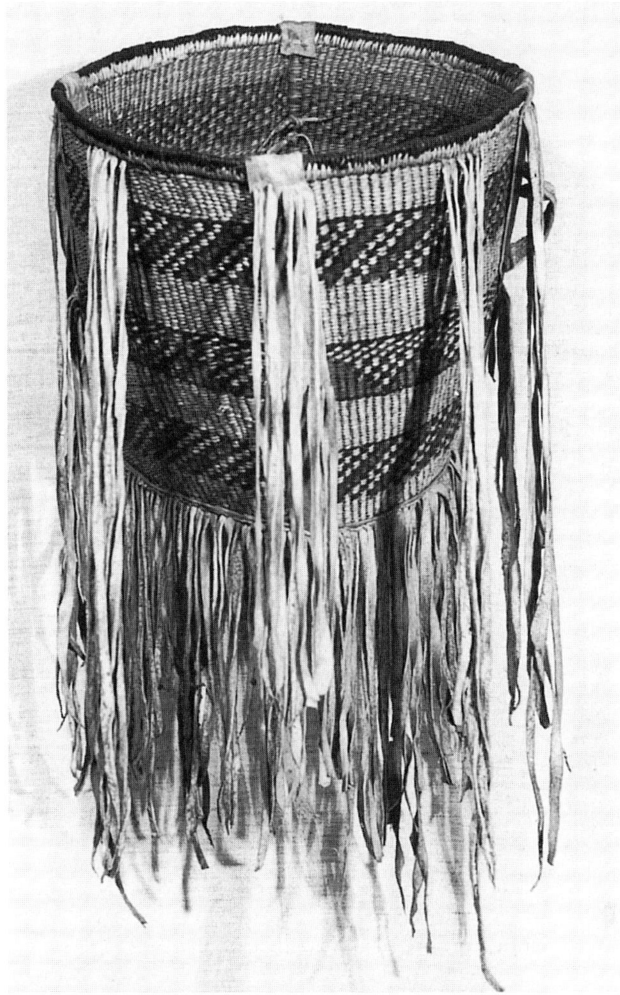

***Tragkorb** der Apache, mit Lederfransen (C11: 168).*

Tragbehälter der Apache

Tragbehälter, durch die nomadisierende Lebensweise der Apache notwendig, waren in den meisten Fällen Korbgeflechte. Damit hatte man eine jahrtausendealte, im Südwesten verbreitete Tradition übernommen. **Korbflaschen** zur Aufbewahrung und zum Transport von Trinkwasser oder auch selbstgebrautem Maisbier gehen letztendlich auf einen Typ zurück, der um Christi Geburt von den Vorfahren der Pueblo-Indianer entwickelt worden war und in historischer Zeit auch von den Ute, Comanche u.a. benutzt wurde. Wasserdicht wurden derartige Korbflaschen durch Einreiben mit pulverisiertem Roteisenstein und anschließendem Verschmieren mit erhitztem Pinienharz. Als Ösen für die Tragschnüre sind drei gewinkelte Zweigstücke eingeflochten.

Die Apache haben aber bei ihren Korbgeflechten keineswegs nur kopiert, sondern durchaus eigene, für sie typische Formen entwickelt. Typisch an dem **Tragkorb**, der entweder mit einem Stirnband von Frauen auf dem Rücken getragen oder am Pferdesattel aufgehängt wurde, sind lange Lederfransen als Schmuck.

Auch die **Kindertrage** zeigt eine spezifische Form. Der halbkreisförmige Vorbau soll das Gesicht des Säuglings vor der sengenden Sonne schützen und ihn im Falle eines Sturzes vor Schaden bewahren. Bedenkenlos sind Materialien des „weißen Mannes“ mit verarbeitet worden: Der Reifen zur Verstärkung des Tragkorbes wie auch der halbkreisförmige Bügel der Kindertrage bestehen aus dickem Kupferdraht, der wohl für Telegraphenleitungen vorgesehen war. Der Bügel ist außerdem mit Waschblau bemalt. (L.D.)

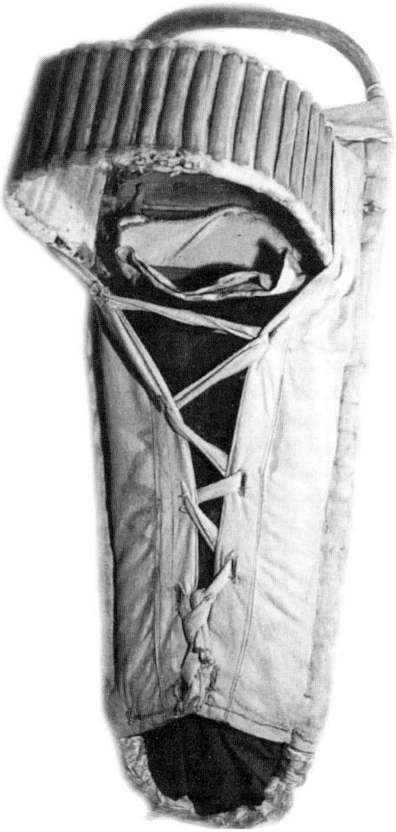

Kindertrage *der Apache. Das Rückenstück wird von einem ovalen Rahmen aus Weidenholz gebildet, an dem 18 roh gespaltene Brettchen quer befestigt sind (C11: 169).*

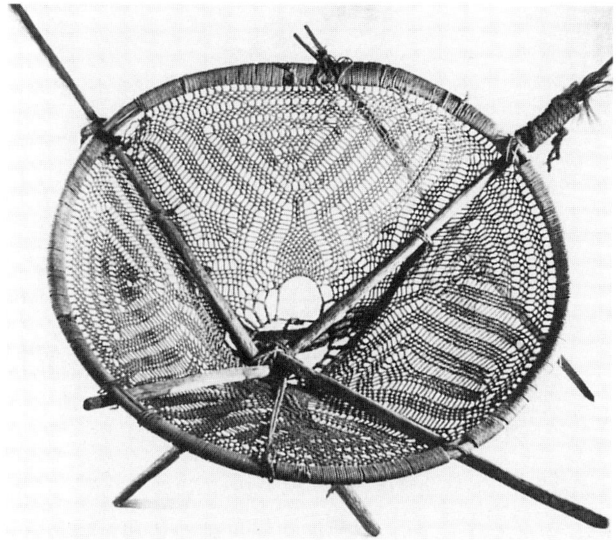

Traggestell *der Pima, südwestliche Nachbarn der Apache (zum Vergleich). Die langen Stangen erwiesen sich als vorteilhaft für den Transport von sperrigem Gut, wie Feuerholz, Heu, auch einer Ladung Tongefäße (C9/C10: 120).*

Indianer des Östlichen Waldlandes

Weder sprachlich noch kulturell sind diese Indianer einheitlich gewesen. Zwei Sprachfamilien waren hier verbreitet: An den unteren Großen Seen lebten irokesischsprachige Stämme, also die fünf Stämme der eigentlichen Irokesen-Liga, ferner Huronen, Petun, Erie u.a. Rings um diese herum wohnten Stämme der Algonkin-Sprachfamilie, die hier ihr größtes Verbreitungsgebiet hatte, bis hin zur Hudson Bay, zum Atlantik und zum Ohio.

Wirtschaftlich-kulturell ist ebenfalls eine Zweiteilung zu erkennen. In der Subarktis lebten Jäger und Fischer, die sehr bald zur spezialisierten Pelztierjagd übergingen und diese bis vor wenigen Jahrzehnten betrieben. Im Süden hingegen waren Jagd und Fischfang nicht mehr ganz so wichtig, um so mehr der Anbau von Mais, Bohnen, Kürbis, Sonnenblumen und Tabak, insbesondere bei den Irokesen. Günstiges Klima und Bodenverhältnisse im südlichen Teil des Waldlandes lockten allerdings Massen weißer Siedler an, so daß den Indianern nur noch wenige und kleine Reservationen geblieben sind. (L.D.)

***Modell eines Birkenrindenbootes**, wahrscheinlich von den Ojibwa. Die Herstellung von Rindenkanus konnte zwar durch Verwendung von Eisenwerkzeugen erleichtert und verbessert werden. Die traditionelle Technik der Konstruktion – insbesondere das Nähen und Verkleben des leichten Rindenüberzugs – ist aber auch im 20. Jh. beibehalten worden (D1: 234).*

Birkenrindenboote und Schneeschuhe

Obwohl die Indianer im Östlichen Waldland ein Netz von Wegen und Pfaden angelegt hatten, spielten sich Verkehr und Transport hauptsächlich auf dem Wasser ab. Das **Birkenrinden-Kanu** war dafür ideal geeignet. Wogende Seen und stromschnellenreiche Flüsse wurden damit bezwungen. Es war so leicht, daß es gewöhnlich mühelos von einem Mann übers Land getragen werden konnte. Zu diesem Zweck waren zwischen den Quellgebieten zweier Flüsse Tragewege, sog. „Portages", angelegt worden, um Boote und Gepäck transportieren zu können. Problemlos konnte man so vom Zuflußgebiet etwa der Großen Seen in das Stromgebiet des Mississippi und Ohio oder aber der Hudson Bay hinüberwechseln. Bootsreisen über Tausende Kilometer waren möglich und wurden tatsächlich gemacht.

Die Leichtigkeit der Boote war bedingt durch ihre Konstruktion. Das Gerüst bestand aus dünngespaltenen Rippen, die Bespannung wurde aus großen Rindenstücken der Papier-Birke (Betula papyrifera) zusammengenäht, die Nähte wurden mit Harz verpicht. Nur einen Nachteil hatten die Boote: die Bespannung war zerbrechlich, man mußte nach der Fahrt allabendlich Risse flicken und neu verpichen.

Waren im Winter Seen und Flüsse zugefroren, kamen **Schneeschuhe** und flache Toboggan-Schlitten zum Einsatz. Die relativ breiten Rahmenschneeschuhe mit ihrer federnden Bespannung aus Rohhaut waren besonders geeignet für tiefen Pulverschnee. Man konnte aber damit nicht gleiten, sondern mußte schlurfend stapfen. Wichtig waren Schneeschuhe auch für Hetzjagd auf großes Wild, das bei jedem Schritt tief im Schnee versank, also Büffel, Moose-Elche, Caribu-Rentiere usw.

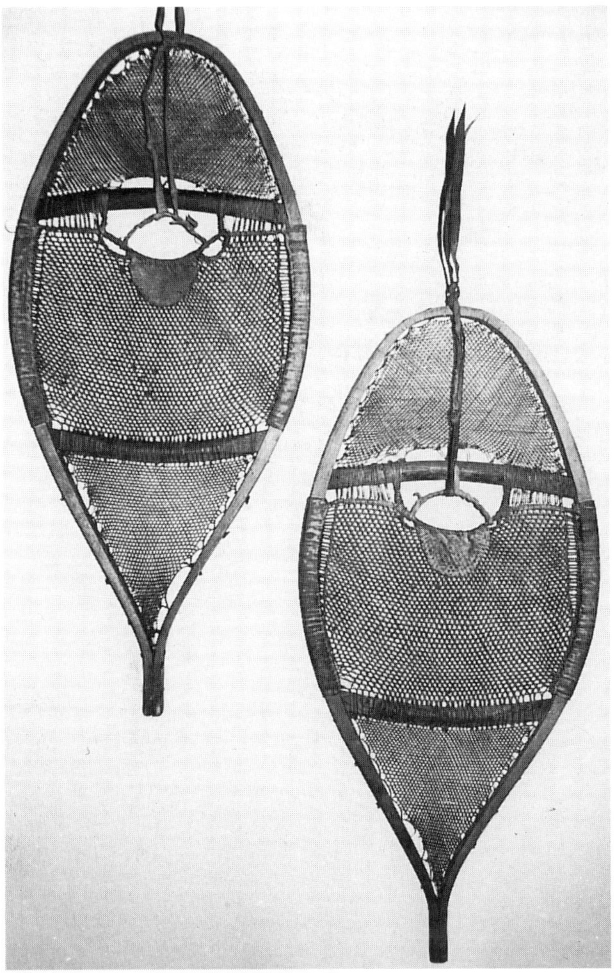

***Schneeschuhe** der Naskapi (Nenenot). Der ursprünglich von den Naskapi gefertigte Typ hatte einen ovalen Rahmen. Die abgebildeten Stücke mit den langgezogenen Enden sind aber von einer Art, die erst später durch den Pelzhandel bei ihnen eingeführt wurde (D1: 230).*

***Octopus-Tasche**, so benannt, weil sie wegen der Lappen einem Tintenfisch ähneln soll. Eine Seite besteht aus rotem Samt, die andere aus schwarzem Tuch (D1: 229)*

(Text: S. 52)

Diese indianischen Verkehrsmittel waren derartig praktisch, daß die französischen Waldläufer und Pelzhändler sie schon im 17. Jh. übernahmen. Der Pelzhandel wurde im 18. und 19. Jh. nur mit Birkenrinden-Booten, Toboggans und Schneeschuhen abgewickelt. Selbst aus dem Inneren Alaskas und den kanadischen Rockies wurden damit Pelze quer durch den Kontinent nach Osten transportiert und Handelswaren zurückgebracht. Dadurch kam es bei den Schneeschuharten zu einer gewissen Vereinheitlichung an Stelle von ehemals regional verschiedenen Typen. Die Pelzhandelsgesellschaften erteilten nämlich für die Ausrüstung ihrer Angestellten Massenaufträge vor allem an die Huronen von Lorette.

(L.D.)

Große Umhängetasche der Ojibwa. Die Perlenschnüre sind aufgeheftet (Overlay stitch) (D3: 246).

(Text: S. 51/52)

Umlegegamaschen, sog. „Wrap-around-leggings“, Ausschnitt. Sie waren nicht wie echte Leggings am Rand zusammengenäht, sondern wurden einfach um die Unterschenkel herumgelegt und mittels Kniebändern festgehalten. Gewöhnlich wurden sie über den Hosenbeinen getragen. Sie sollen von den Shoshoni oder Ute stammen und sind mit stark stilisierten Pflanzenmotiven verziert (D6: 200).

(Text: S. 51/52)

Tabaksbeutel *mit Blumenmustern, von Blackfoot oder Sarsi stammend (alte Nr.: 453).*

Schultertragtasche, *mit Stachelschweinsborsten und Elchhaar-Applikationen verziert. Angeblich von den Montagnais, aber eindeutig im Stil der Huronen von Lorette. Auf dem Schultertragband ist mehrfach ein Motiv zu sehen, das einer Schere ähnelt, vielleicht aber zwei gekreuzte Ballschläger darstellen soll (alte Nr. 113).*

(Text: S. 51/52)

Tragtasche *von Huronen oder Irokesen, wohl 18. Jh. Sie ist aus mehreren Fellstücken von Hirschläufen einschließlich der Afterklauen zusammengesetzt. Diese Art von Taschen hat wahrscheinlich als Anregung gedient für die Herstellung der originellen Pfeifenbeutel aus Caribu-Fuß (D3: 243).*

(Text: S. 52)

Lederjacke *der Cree. Die fünfzackigen Sterne auf den Schultern gehen auf das Vorbild des US-Sternenbanners zurück. Ursprünglich indianische Sternendarstellungen hatten gewöhnlich vier Zacken (D4: 269).*

(Text: S. 53/54)

Zwei Krähengürtel. *Der linke hat eine ungeteilte Rückenschleppe aus rotem Wollstoff, und die „Pfeile" sind mit rotem Bast umwickelte Holzstäbe. Dazwischen ist lediglich das stark beschädigte Kopfstück eines Adlers befestigt. Bei dem rechten Gürtel (Sioux) bestehen die Pfeile aus zwei Büscheln Adlerflügelfedern, die geteilte Schleppe aus dunkelblauem Stoff und die Rosette überwiegend aus gespaltenen Bussardfedern (D7: 715; D8: 505).*

(Text: S. 54/55)

Irokesen-Häuptling

Die Irokesen stehen im Ruf, durch die Bildung eines Bundes oder einer Liga aus fünf sprachlich und kulturell eng verwandten Stämmen, den Mohawk, Oneida, Onondaga, Cayuga und Seneca, zu denen um 1720 noch die Tuscarora als nominell sechstes Mitglied kamen, die höchste und effektivste Form politischer Organisation im indianischen Nordamerika erreicht zu haben und gewissermaßen Vorbild für die Gründung der Vereinigten Staaten gewesen zu sein. Tatsächlich waren sie in der Lage, im 17. Jh. fast alle Stämme in ihrer Umgebung zu zerschlagen. Im 18. Jh. spielten sie durch bewaffnete Neutralität das Zünglein an der Waage im Kräftespiel zwischen englischer und französischer Kolonialmacht. Gelenkt wurde die Liga durch einen Rat von nominell 50 Häuptlingen, „Royaner“ oder auch fälschlich mit dem Algonkin-Wort „Sachem“ bezeichnet, deren Ämter in bestimmten Stämmen, Clans und Geschlechtern in mütterlicher Linie erblich waren (und noch sind). Da die erblichen Häuptlinge stets im Kollektiv wirkten, ist historisch kaum einer namentlich in Erscheinung getreten. King Hendrik, Brant, Cornplanter, Red Jacket und andere historische Persönlichkeiten gehörten einer zweiten Schicht an, den sog. „Fichtenbaum-Häuptlingen“. Das waren Männer, die wegen ihrer Fähigkeiten und Verdienste als Redner, als Unterhändler oder Kriegsanführer gewählt worden waren.

Einen solchen Kriegsanführer soll die **Kostümfigur** vorstellen. Als Anregung dazu hat eindeutig die ethnographisch durchaus richtig erfaßte Gestalt des trauernden Irokesen auf dem Gemälde „Tod des Generals Wolfe bei Quebec 1759“ von Benjamin West, 1770, gedient. Typisch für einen Krieger ist die minimale Bekleidung, eigentlich nur aus **Schamschurz** und **Mokkasins** bestehend. „Kriegsbemalung“ in rot und schwarz bedeckt den Körper, der allerdings auf Wests Gemälde tatauiert ist. Auf dem überwiegend kahlgeschorenen Kopf ist an der geflochtenen „Skalplocke“ ein **Kopfputz** aus gespaltenen Schwanenfedern befestigt – eine museale Nachbildung, durch Wests Gemälde stimuliert. **Schultertasche**, aus Holz geschnitzte **Kugelkopfkeule**, **Wampum-Halskette** und auf der Brust getragene **Messertasche** sind weitere Ausrüstungsstücke. (L.D.)

(Abbildung: S. 31)

Alte Stachelschweinsborsten-Arbeiten

Obwohl die Gegenstände der Irokesen-Figur, wie **Messerscheide**, **Mokkasin**, **Schurz** und **Schultertasche,** aus einer frühen Zeit, nämlich 1760 - 1780, stammen dürften, sind sie keineswegs „ursprünglich“, also unbeeinflußt von europäischem Material und Vorbild. Mehr noch: Die reichlich verwendeten, in konischen Blechhülsen gefaßten rotgefärbten Hirschhaarbüschel waren damals schon nicht mehr die neueste Mode, sondern lassen sich bis Anfang des 18. Jh. zurückverfolgen. Die viereckige Tasche mit Schultertragschnur geht sicher auf europäische Vorbilder zurück, während die am Halsband auf der Brust getragene Messerscheide alteinheimisch war und erst später durch die am Gürtel getragene asymmetrische Messerscheide verdrängt wurde.

Alt ist auch die Borstenverzierung, wobei unterschiedliche Verarbeitungstechniken angewandt worden sind: am häufigsten flächenbildende Applikationen in Dreieckbandtechnik, dann die feinlinige Aufnähtechnik, ferner die Umwicklung von Holzgriffen und -spänen (wobei im letzteren Fall anders gefärbte Borsten quer zur Umwicklung musterbildend eingeflochten sind), schließlich die Umflechtung von Lederfransen.

Von dem bräunlichen, dunkel geräucherten und gefärbten Leder, wie es damals im Seengebiet Mode war, heben sich die Borstenmuster in natürlichem Weiß bzw. eingefärbten Orangerot, Gelb, Schwarz und Blau effektvoll ab. Die Farben wurden durch Kochen der Borsten mit Pflanzenwurzeln oder -blättern erzeugt, lediglich für Blau kochte man gefärbten Wollstoff aus.

Die Vogelfiguren auf der Tasche und auf dem im Stil recht ähnlichen Schurz lassen erkennen, daß beide sicherlich nicht von Irokesen, sondern von Algonkinsprachigen Stämmen des Seengebietes, also Ojibwa, Ottawa, Menomini oder Potawatomi, angefertigt worden sind, denn nur dort war der Mythos vom Donnervogel bekannt. Als neue und zukunftsträchtige Materialien zur Verzierung treten hier Glasperlen auf, die in ihrer Form und in den Farben (violett und weiß) Imitationen von Wampumperlen waren. (L.D.)

(Abbildung: S. 30 und 64)

Wampum

Mit diesem verstümmelten Algonkin-Wort wurden weiße und violette, aus den Schalen der Venusmuschel (Mercenaria) und anderer Konchylien zylindrisch geschliffene und längsdurchbohrte Perlen bezeichnet, die, zu Schnüren aufgereiht und zu Gürteln verwoben, im 17. Jh. bei den Stämmen der mittleren Atlantik-Küste als Schmuck dienten. Ihre mühselige und zeitaufwendige Herstellung, wohl erst durch eiserne Bohrer ermöglicht, ließ Wampum recht wertvoll und zu einem allgemeinen Wertmesser im Tauschhandel werden, zu „Muschelgeld“. Violette Perlen besaßen den doppelten Wert von weißen.

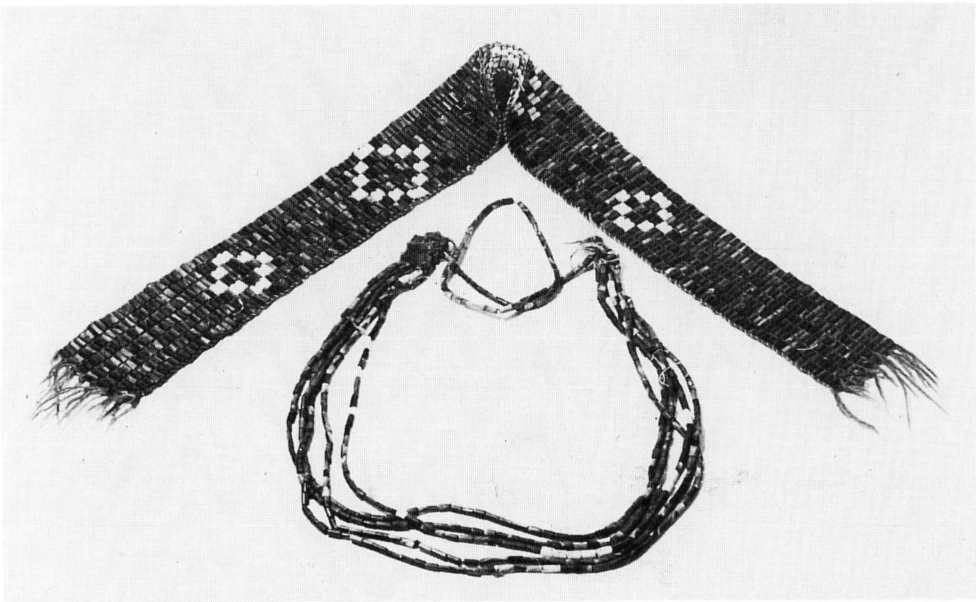

Wampum-Gürtel *und* ***Wampum-Schnur****. Der Gürtel gehörte bis 1901 zum Wampum-Archiv der Ottawa im Staat Michigan, Emmet County. Den Grund bilden 1138 violette Wampum-Perlen und 6 Glasimitationen von gleicher Farbe. Die Muster werden durch 88 weiße Perlen dargestellt. Spuren roter Bemalung sind zu erkennen, es könnte ein Kriegswampum gewesen sein. Die Wampumschnur (ohne Herkunftsangabe) besteht aus 6 Strängen, davon sind 5 ausschließlich violett (D2: 263; D2: 267).*

Sehr früh eigneten sich Holländer und Engländer aus der Gegend von New York die Wampumherstellung an, die sie manufakturmäßig betrieben, um die Perlen massenweise im Pelzhandel zu den Irokesen und anderen Stämmen zu bringen. Die Verwendung von Wampumschnüren und -gürteln als Bußgeld, Tribut oder Gastgeschenk führte wohl dazu, daß diese im 17. und 18. Jh. im diplomatischen Verkehr den Charakter von Dokumenten annahmen, die bei Verträgen, Bündnissen, Bevollmächtigungen, Botschaften überreicht und vom Empfänger aufbewahrt wurden. Durch den Farbkontrast konnten auf den Gürteln Muster gebildet werden - Quadrate, Rhomben, Dreiecke, Linien, geometrische Menschenfiguren, Kriegsbeile, Tabakspfeifen – die bei der Rezitation des Vertragstextes als Gedächtnisstütze und Beglaubigung dienten. Bedeutung besaß auch die Farbe der Perlen, die durch das Auftragen von roter Farbe zusätzlich verändert werden konnte.

Mit dem Verlust der politischen Souveränität der Irokesen und ihrer Nachbarstämme sowie dem Rückgang der Produktion im 19. Jh. kam die Herstellung von **Wampumgürteln** zum Erliegen. Der gezeigte Gürtel war zusammen mit einigen anderen (heute in den Völkerkundemuseen Berlin-Dahlem und München) bis 1901 Bestandteil des Wampumarchives der Ottawa, das sich in Obhut einer alten Frau befand. Die damit verknüpften mündlichen Überlieferungen waren aber in Vergessenheit geraten. Wampumschnüre werden im Gegensatz zu -gürteln von den Irokesen bis heute zeremoniell verwendet. (L.D.)

Maisstroh-Maske *(„Husk Face“) der Irokesen. Ähnlich wie die bekannteren Holzmasken („False Face“) wurden und werden sie von einer bestimmten Medizingesellschaft getragen. Hergestellt ist das „Strohgesicht“ aus dünnen Zöpfchen, die aus Maislieschenblättern geflochten und dann spiralig zusammengenäht wurden (D3: 237).*

Medizinbeutel der Midé-Gesellschaft

Die Midé-Gesellschaft oder „Grand Medicine Lodge“ verbreitete sich um 1700 von den Ojibwa zuerst zu anderen Algonkin-Stämmen des Seen-Gebietes, so den Ottawa, Potawatomi, Menomini, Sauk, Cree, sodann zu den siouanisch-sprachigen Winnebago und weiter zu den Santi-Dakota, Iowa, Omaha. Manche Stämme, wie die Fox, gaben sie früh wieder auf. Bei vielen wurde diese Gesellschaft um 1900 durch christliche Missionen oder den Peyote-Kult verdrängt, und bei einigen Stämmen existiert sie noch heute. Ziel der Midé war die Sicherung eines möglichst langen und gesunden Lebens ihrer Mitglieder mittels Heilpflanzen sowie zauberischer Praktiken und Gesänge. Die dazu notwendigen Kenntnisse mußte man vor der Initiation während einer Lehrzeit bei einem hochrangigen Midé-Priester gegen Bezahlung erwerben.

Als **Medizinbeutel** diente meistens der Balg eines Fischotters, der im Ursprungsmythos als Bote der Gottheiten eine wichtige Rolle spielte, oder eines Bibers, Minks, Skunks, seltener eine Bärentatze oder Schlangenhaut. Zum Inhalt, der durch einen Schlitz an der Kehle entnommen wurde, gehörten heilkräftige Kräuter und Wurzeln, Farbpulver zur Gesichtsbemalung und als wichtigstes die „Migis“, eine Kaurischneckenschale.

Bei der Initiation legten die Midé-Priester ihre Medizinbeutel wie Gewehre auf den Neuling an. Die „Migis“ galt dabei als Geschoß und diente danach dazu, das nunmehrige Mitglied „neu zu beleben“. Stets wurden an den Bälgen die vier Pfoten und der Schwanz mit Applikationen von Stachelschweinsborsten oder Glasperlen aufwendig verziert. Dagegen wirken die Rosetten an Nabel und After recht ungewöhnlich. (L.D.)

(Abbildung: S. 32)

***Maisstrohfigur** der Irokesen, einen Maskenträger der „Strohgesichter-Gesellschaft“ darstellend. Bei rituellen Reinigungen wurden Übel und Krankheiten mit Besen hinweggefegt (alte Nr.: 634).*

Glasperlenarbeiten im floralen Stil auf Umhängetaschen

Bei Zeremonien der Midé-Gesellschaft 1870 bis 1900 wurden an breiten Schulterbändern große Taschen getragen, die völlig mit Glasperlen bedeckt waren. Der Aufwand an Arbeit und Material ließ sie sehr wertvoll werden, so daß die Midé-Priester, die sich in die höchsten Grade der Gesellschaft hatten einkaufen können, als Zeichen von Reichtum oft mehrere solcher Taschen trugen. Manchmal waren es freilich nur Attrappen. Der florale Stil hatte sich voll entwickeln können durch massenweise Einfuhr kleiner Glasperlen – der „seed beads“ – in unterschiedlichsten Farben, vor allem aus Böhmen ab etwa 1850. Vorbilder waren u.a. Stickereien der viktorianischen Zeit.

Auf den **Taschen der Ojibwa** wirken die pflanzlichen Details recht realistisch, nicht aber ihre Zusammenstellung: Aus Ranken sprießen Blüten von Rosen und Lilien, Blätter von Eiche, Ahorn und Pfeilwurz und sogar Zwiebeln. Die Frauen stellten solche Muster her, indem sie Perlenschnüre mit einem zweiten Faden auf der Stoffunterlage in beliebiger Form festhefteten: „overlay stitch“.

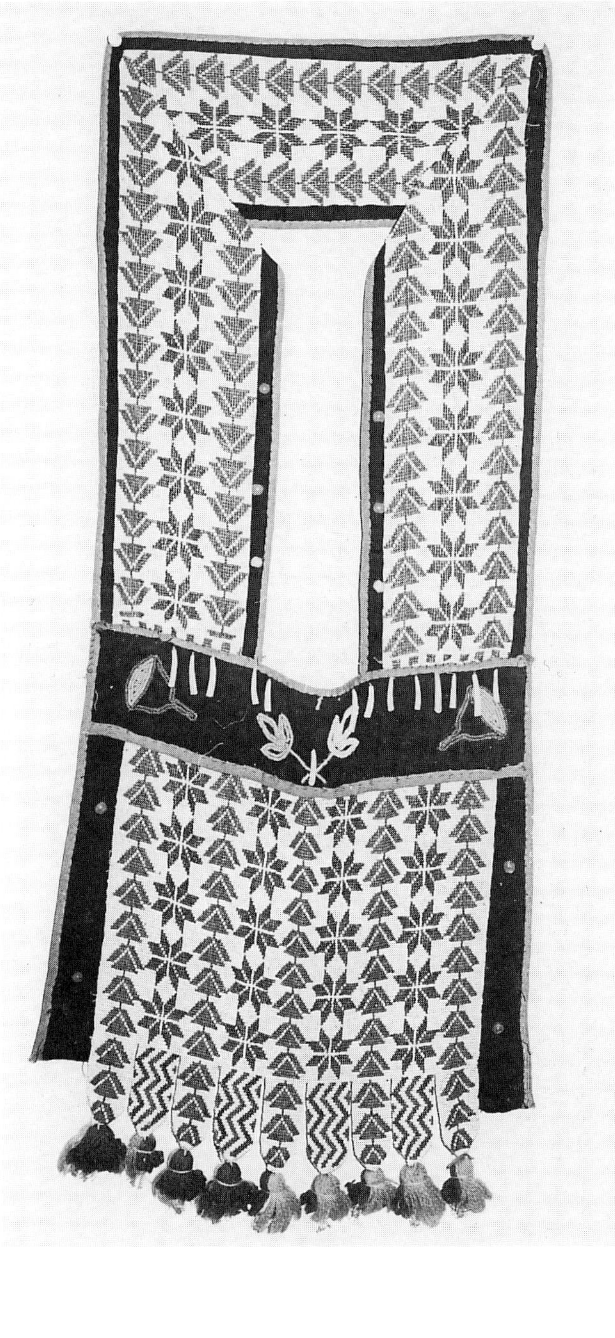

***Umhängetasche** der Winnebago. Die Perlenverzierung ist auf einem Webrahmen hergestellt und erst danach auf der Tasche festgenäht worden (alte Nr.: 1090).*

Dieselbe Technik wurde bei den **Octopus-Taschen** - so benannt wegen der vier doppelten Lappen - angewandt, die wohl zuerst von den Cree hergestellt wurden. Hier heben sich aber die Blumenmuster vom roten oder schwarzen Stoffuntergrund ab. Menomini, Winnebago und andere Stämme stellten ebenfalls völlig mit Perlen bedeckte Taschen her, bevorzugten aber eine andere Technik: Wie Gürtel, Kniebänder usw. wurden diese auf Rahmen gewebt. Dadurch sind die floralen Motive eckig und zackig, also stark stilisiert, und durch Wiederholungen wirken sie geradezu tapetenartig.

Ihr Wert machte alle diese Taschen zu begehrten Handelsartikeln. Ojibwa und Menomini vertauschten sie an die Hidatsa und Arikara am Missouri. Von dort gelangten sie durch Vermittlung der Crow weit nach Westen bis zu den Nez Percé, Flathead, Ute, wofür vor allem Pferde nach Osten gebracht wurden. Westliche Stämme wurden so angeregt, selbst florale Perlenarbeiten herzustellen. Octopus-Taschen wurden schließlich sogar von den Tlingit der Nordwestküste und den Athapasken Alaskas angefertigt, wie auch von den Metis, den halbindianischen Waldläufern. (L.D.)

(Abbildungen: S. 45, 46 und 47)

Handwerksarbeiten der Huronen

Seit etwa 300 Jahren besteht Lorette, ein Dorf katholischer Huronen, nahe der Stadt Quebec. Nach dem vernichtenden Angriff der Irokesen 1649 waren missionierte Huronen aus dem Seengebiet bis hierher in den Schutz der Franzosen geflohen. Während der Kolonialkriege des 18. Jh. standen sie wie auch die abtrünnigen und ebenfalls katholischen Mohawk-Irokesen von Caughnawaga im Dienste der Franzosen. Später wandten sie sich immer mehr der Herstellung von Gegenständen für den Verkauf zu: Schneeschuhe, **Mokkasins**, Handschuhe, gewebte Gürtel, verschiedene **Taschen**, Beutel und Etuis. Käufer waren zunächst Pelzhandelsgesellschaften, die diese Produkte zur Ausrüstung ihrer Angestellten benötigten oder weiter tauschten, ferner Sportclubs, Touristen. Sämtliche gezeigten Objekte tragen die Herkunftsbezeichnung „Montagnais“: Diese Indianer aus dem benachbarten Norden gehörten also ebenfalls zum Kreis der Kunden.

Die Verzierung der Lederarbeiten der Huronen zeichnet sich durch einen Stil aus, der eine Fortführung der Borstenarbeiten des 18. Jh. darstellt. Das Leder wurde mittels Holzkohle und Nußschalenbeize völlig schwarz gefärbt. Typisch ist, daß in Fortführung einer alten, einstmals weiter verbreiteten Arbeitstechnik neben Stachelschweinsborsten auch weiße Elchhaare verarbeitet wurden, was besonders zarte Linienmuster ermöglichte. Bor-

Mokkasin und Pfeifenbeutel *aus dem Fußstück eines Caribu-Rentieres oder auch Moose-Elchs. Beide Stücke sollen von den Montagnais stammen (D15: 693; D1: 228).*

sten und Haare sind naturweiß oder orangerot bzw. hellblau gefärbt, und obwohl heute ziemlich ausgebleicht, bilden sie immer noch einen deutlichen Kontrast zu dem schwarzen Leder. Die überaus häufigen, in Blechhülsen gefaßten Haarbüschel sind orangerot gefärbt und z.T. weiß belassen. Der florale Stil mit Blüten, Blättern und Ranken hatte sich auch bei den Huronen voll durchgesetzt. Der originelle **Pfeifenbeutel** aus dem Fuß eines Caribu geht sicherlich auf **Felltaschen** des 18. Jh. zurück. (L.D.)

(Abbildung: S. 48)

Lederjacke der Cree

Als die 1670 gegründete Hudson's Bay Company an der Küste mehrere Pelzhandelsposten errichtete, kam sie mit den benachbarten Cree in Berührung. Bald waren die Cree nicht nur Lieferanten von wertvollen Pelzen, Fleisch und Fisch, sondern auch Zwischenhändler mit Stämmen im Inland und angeheiratete Verwandtschaft. Von den Company-Angestellten wurden sie deshalb „home guards", quasi „Haus-Indianer", genannt.

Diese Symbiose kommt auch in der **Lederjacke** zum Ausdruck, wie solche für höhere Company-Angestellte und auch Häuptlinge gearbeitet wurden. In ihrem sorgfältigen Zuschnitt folgt sie der Mode der europäischen Männerröcke des 18. Jh., mit betonter Taille, weit ausladenden Schößen und Ärmelaufschlägen. Indianisch sind das Ledermaterial und die Verzierung. Bei den benachbarten Naskapi auf der Labrador-Halbinsel wurden die Ornamente in Rot, Gelb oder Graublau aufgemalt. Die Frauen der Cree bevorzugten Stachelschweinsborsten, die sie in höchster Vollendung verarbeiteten. Alle Techniken des linearen oder flächendeckenden Aufnähens und oft sogar Webens und Umwickelns der Fransen wurden dabei angewandt.

Auch im 19. Jh., als in Europa längst andere Moden herrschten, wurden diese Jacken hergestellt und besonders von den Metis, den Waldläufern gemischter Abstammung in Kanada, getragen. Die Cree, die im Zuge der Ausweitung des Pelzhandels immer weiter nach Westen vorgedrungen waren, hatten diesen Typ bei Stämmen in der nördlichen Prärie eingeführt. Unabhängig von dieser Entwicklung haben auch Irokesen, Cherokee und andere Indianerstämme solche Lederjacken nach europäischem Vorbild geschneidert. (L.D.)

(Abbildung: S. 48)

Stämme am Ostrand der Prärie

Im Norden am Laufe des Missouri und weiter südlich an den Unterläufen mehrerer Zuflüsse lebten zahlreiche Stämme der siouanischen Sprachfamilie: Mandan, Hidatsa, Ponca, Omaha, Iowa, Oto, Osage u.a., ferner die Caddo-sprachigen Arikara und Pawnee. Da sie neben der Büffeljagd auch Maisanbau betrieben und in festen Dörfern lebten, fast immer in Erdhäusern, läßt sich die Geschichte der meisten Stämme archäologisch bis in voreuropäische Zeit zurückverfolgen. Ihr stark entwickeltes und komplexes Zeremonialsystem mit vielen Abzeichen, Insignien und Kultgeräten hat einen nachhaltigen Einfluß auf die nomadisierenden Stämme der eigentlichen Prärien ausgeübt. (L.D.)

Büffelhörnerhaube

Sie war eines der höchstangesehenen Würdeabzeichen und in der 2. Hälfte des 19. Jh. durchaus nicht nur auf die Stämme am Ostrand beschränkt, sondern in der eigentlichen Prärie weit verbreitet, von den Blackfoot im Norden bis zu den Kiowa-Apache im Süden und sogar bei den Stämmen des Columbia-Plateaus. In ihrer ursprünglichen Form bestand sie aus dem Stirnfell eines Büffels mit Hörnern, und sie sollte dem Träger die Zaubermacht und Kraft des Büffels verleihen.

Das gezeigte Stück, wahrscheinlich von den Pawnee, ist insofern urtümlich, als es mit Büffelfell besetzt ist und eine Rückenschleppe aus gleichem Material hat. Später ist es offensichtlich überarbeitet, gewissermaßen „modernisiert“ worden. Das lieblos gearbeitete Stirnband mit dem merkwürdigerweise nur linear aufgenähten Perlenmuster sowie die Gehänge an den Schläfen mit Federn vom Goldhammerspecht und vom afrikanischen (!) Perlhuhn sind sicherlich spätere Zutaten, vielleicht angebracht für Zirkus-Veranstaltungen. (L.D.)

***Büffelhörnerhaube**, wahrscheinlich von den Pawnee. Die Rückenschleppe aus Büffelfell hat die Behaarung fast völlig verloren. Daran befestigt ist ein weißer Pferdeschweif, bemalt mit drei roten Querstrichen (D5: 212).*

Krähengürtel

Um 1800 legten sich bei den östlichen Stämmen große Krieger einen Gürtel mit einem ausgestopften Krähenbalg am Rücken um, wenn sie sich im Tanze ihrer Heldentaten rühmen wollten oder wenn sie eben deswegen zum Polizisten-Dienst berechtigt waren. Hintergrund der Sitte war die barbarische Auffassung, daß der erfolgreiche Krieger die Leichen der getöteten Feinde quasi den Krähen zum Fraße vorgeworfen habe.

Allmählich kamen weitere Elemente zu diesen Abzeichen hinzu, so zwei „Pfeile“, also schräg nach oben stehende Holzstäbe, oder auch Adlerflügelfedern mit Daunen an den Spitzen, ferner eine meistens zweigeteilte Rückenschleppe, gewöhnlich aus rotem, seltener blauschwarzem Wollstoff gefertigt und reihenweise mit Adlerfedern behängt. Dafür verschwand der Krähenbalg und machte dem Kopfstück eines Adlers und später einer pompösen Federrosette Platz. Oft war keine einzige Krähenfeder mehr vorhanden, die die Bezeichnung **„Krähengürtel“** hätte rechtfertigen können.

Auch seine Bedeutung änderte sich, indem er bei den Omaha und verwandten Stämmen zum Abzeichen einer bestimmten Krieger-Gesellschaft wurde. Diese Krieger-Gesellschaft übernahmen um 1860 auch die Dakota. Seit 1880, als es gar keine Kriege mehr zu führen gab, wurde der Tanz dieser Gesellschaft, bekannt als „Omaha-Tanz" oder „Gras-Tanz", bei fast allen Präriestämmen eingeführt und der „Krähengürtel" in seiner abgewandelten Form überall hin verbreitet. Seine letzten Nachfahren sind die großen bunten Federräder, die heute bei indianischen Tanzfesten getragen werden, sogar schon von Frauen.

(L.D.)

(Abbildung: S. 48)

Prärie-Indianer

Dieser Begriff, abgeleitet von dem französischen „Prairie", hat im deutschen Sprachgebrauch seit etwa einem Jahrhundert einen festen Platz. Mit ihm werden Indianer bezeichnet, für die sich in den USA der Begriff „Plains Indians" eingebürgert hat, während dort mit dem Wort „Prairie Indians" nur noch die saisonweise seßhaften, Maisanbau betreibenden Stämme am Ostrand der Prärie bezeichnet werden. Es erscheint aber unangemessen, mit der geographischen Unterscheidung zwischen kurzgrasigen „Plains" und hochgrasigen „Prairies" einen wirtschaftlichen und kulturellen Unterschied zwischen nomadisierenden Büffeljägern einerseits und halbseßhaften Maisbauern und Büffeljägern andererseits charakterisieren zu wollen. Zumal diese Halbseßhaften ihre Dörfer kaum im Grasland - welcher Grashöhe auch immer - anlegten, sondern in Flußtälern, die durchaus bewaldet sein konnten.

Im folgenden soll also der alte, traditions- und natürlich auch emotionsgeladene Begriff „Prärie-Indianer" weiterhin verwendet werden. Er bezieht sich auf nomadisierende Büffeljäger-Stämme: im Norden die drei Blackfoot-Stämme der Siksika, Blood und Piegan sowie die Sarsi, Atsina, Plains-Cree, Plains-Ojibwa, Assiniboin. Im mittleren Teil lebten die Lakota oder westlichen Sioux, Crow, Cheyenne, Arapaho und die Wind River Shoshoni. Stämme im Süden waren die Kiowa und die Comanche.

Während alle bisher skizzierten Kultur-Areale sich weit in die prähistorische Zeit zurückverfolgen lassen, trifft das für die Prärie-Indianer nicht in gleichem Maße zu. Deren Lebensweise und Kultur konnten sich in ihrer speziellen Ausprägung erst nach der Einführung des Pferdes durch die Spanier im 17. Jh. entwickeln. Diese Lebensform war dann so attraktiv geworden, daß zahlreiche Gruppen zuwanderten. Plains-Cree und Plains-Ojibwa kamen aus dem Östlichen Waldland, während Verwandte von ihnen dort geblieben waren. Cheyenne und Arapaho wanderten aus Nordosten ein. Ihre Vorfahren hatten einmal Maisanbau betrieben.

(L.D.)

Kissensattel *mit Steigbügeln kombiniert, von einem nördlichen Prärie-Stamm (D23: 323).*

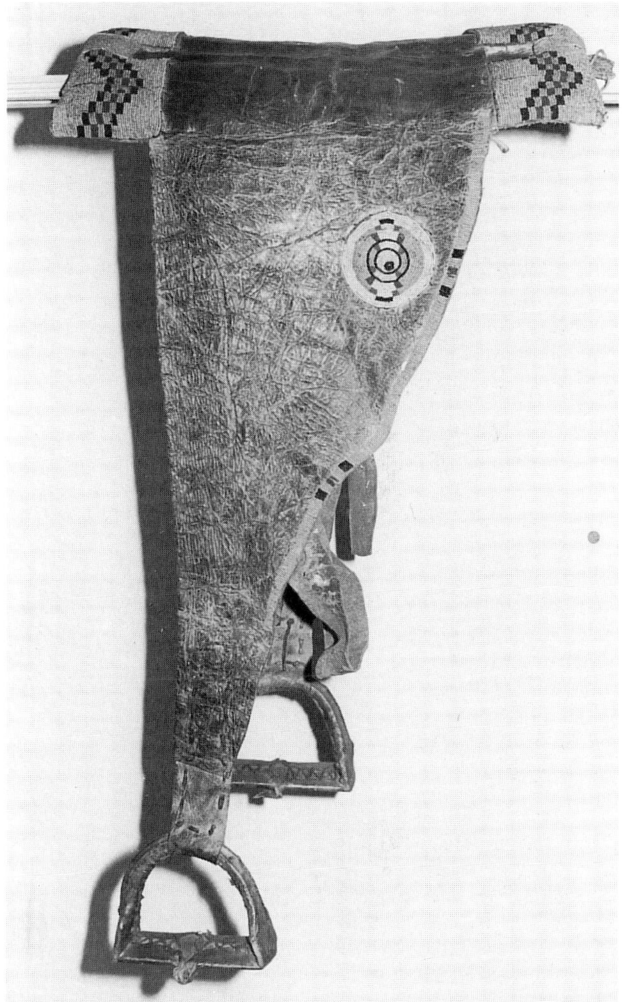

Reiter-Ausrüstung

Die Kultur der Bisonjäger und Reiterkrieger hat in ihrer historisch bekannten Form bei vielen Prärie-Stämmen kaum länger als 150 Jahre bestanden. Sie ist entscheidend durch die Einführung des Pferdes geprägt worden. Die Ursprünge der indianischen Pferdehaltung gehen letzten Endes auf die Eroberungs- und Besiedlungsversuche der Spanier in Nordmexiko und den Gebieten nördlich des Rio Grande zurück. Die Indianer, die an den Grenzen des spanischen Herrschaftsbereichs - am südlichsten Rande der Prärien - lebten, lernten zuerst, mit

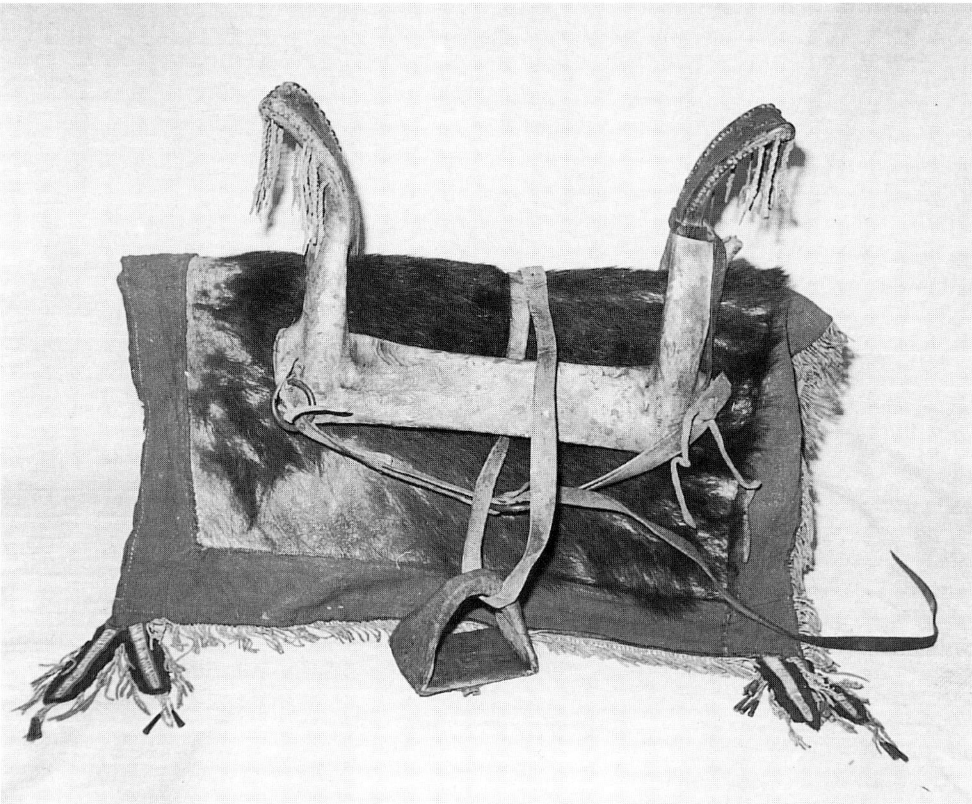

***Frauensattel** der Kiowa. Eine Sonderform des Pack- oder Rahmensattels war der „Frauensattel“ mit den weit hochgezogenen Stützgabeln („Zwieseln“), die einen sicheren Sitz gewährleisteten. Die vordere Gabel ist mit einem Haken versehen gewesen, an dem die Baby-Trage angehängt werden konnte (D23: 316). Untergelegt ist eine alte Satteldecke aus Schwarzbären-Fell (D23: 320).*

den ihnen unbekannten Tieren umzugehen. So waren um 1650 vor allem Apache-, Navajo- und Ute-Gruppen im Besitz von Pferden.

Bei der Ausbreitung nach Norden hat der Austausch zwischen den Stämmen eine entscheidende Rolle gespielt. Von großer Bedeutung waren vor allem zwei Handelsketten: eine, die am Rande der Rocky Mountains (durch Vermittlung der Ute, Comanche, Shoshoni) ins Plateau-Gebiet führte, und eine andere von den südlichen Prärien zu den Dörfern der Mandan, Hidatsa und Arikara am oberen Missouri.

Die weit im Norden wohnenden Stämme können Reittiere in größerer Zahl vor 1750 kaum besessen haben. Noch in viel späterer Zeit waren die wirklich großen Herden im Süden und Westen – bei Comanche, Kiowa, Osage, Flathead, Nez Percé, Crow – zu finden, während die Assiniboin und Plains-Cree niemals ausreichend mit Jagd- und Transporttieren versehen waren. Auch die riesigen Herden verwilderter Pferde (mesteños, Mustangs) die südlich des Platte River vorkamen, konnten offenbar nur von den Bewohnern der Süd-Prärien in größerem Umfang genutzt werden.

Indianer, die sich auf Handelsmärkten oder bei Aufständen und Überfällen mit Pferden versorgten, haben zunächst auch Sattel, **Zaumzeug** und Steigbügel – seltener die eisernen **Sporen** – von den Spaniern übernommen. Im Laufe der Zeit haben sie diese Ausrüstung gelegentlich nach ihren Bedürfnissen und Möglichkeiten nachgearbeitet und verändert. Ohne Zweifel ist der **Rahmensattel** der Prärie-Indianer nach dem Vorbild des „spanischen Sattels“ (der wiederum auf maurischen Einfluß zurückgeht) entstanden. Er war aus einem vierteiligen Holz-, Knochen- oder Horngestell zusammengesetzt und wurde mit feuchter Bison-Rohhaut überzogen, die sich beim Trocknen zusammenzog und dem Ganzen einen festen Halt gab. **Sättel, Satteldecken, Kopfstücke, Schwanzriemen,** Satteltaschen und andere Teile der Ausrüstung waren für besondere Gelegenheiten oft mit Lederfransen, Messingschellen, Glasperlen-Stickerei u.a. geschmückt.

Auch den Gebrauch des **Lassos** (Lariat, rope) haben die Indianer von den Spaniern übernommen. Die aus Rohlederstreifen, Büffel- oder Pferdehaaren geflochtenen

Riemen wurden hauptsächlich gebraucht, um Wildpferde einzufangen oder einzelne Tiere aus der Herde zu holen.

Eine eigenständige Entwicklung ist aber offensichtlich der indianische **Männersattel** gewesen, der in seiner einfachsten Form eigentlich nur aus einem ledernen Sack oder Kissen bestand, das mit Büffelwolle, Hirschhaaren oder trockenem Gras ausgestopft und mit einem Bauchgurt auf dem Reittier befestigt wurde. Wenn junge Männer zum Pferderaub auszogen, nahmen sie oftmals nur die leeren zusammengelegten Ledersäcke auf ihre langen Fußmärsche mit. Nach erfolgreichem Beutezug wurden diese dann auf dem Heimweg ausgestopft und als Sättel verwendet.

Eine etwas abgewandelte Form, die keineswegs häufig in Sammlungen zu sehen ist, stellt der **mit Steigbügeln kombinierte Kissensattel** dar. Nach der Glasperlen-Stickerei zu urteilen, stammt er von einem der nördlichen Prärie-Stämme (vielleicht Blackfoot oder Sarsi). Bei den in indianischer Machart gefertigten Steigbügeln sind die Trittflächen und Bügelhälften aus Weidenholz geschnitzt. Diese wurden zusammengebunden, mit Rohleder überzogen und vernäht.

Bei der Hetzjagd, beim Angriff und beim Pferderennen trieb der indianische Reiter sein Pferd mit einer kurzen **Peitsche** an, die in einer bestickten Rohlederschlaufe am Handgelenk hing. Besonders schön gearbeitete Stücke hatten Griffe aus Wapiti-Geweih, die meistens mit Ritzmustern verziert waren.

Schließlich ist noch ein zweifellos voreuropäisches Gerät für den Lastentransport zu nennen: die von den Franko-Kanadiern „travois“ genannte Stangenschleife. Mit diesen V-förmigen Gestellen, die den Pferden angehängt wurden, konnten die Prärie-Indianer nicht nur ihre Habe, ansehnliche Vorräte an Trockenfleisch („Pemmikan“), Felle und Handelswaren befördern, sondern ebenso kleine Kinder, alte oder kranke Menschen. Auch Tipi (Zelt)-Stangen wurden in ähnlicher Weise transportiert. Vor der Einführung des Pferdes haben die Indianer kleinere Gestelle benutzt, die sie von ihren Zughunden schleppen ließen. (R.K.)

(Abbildung: S. 61)

Bewaffnung

Pfeile und Bögen waren die wichtigsten Fernwaffen der Prärie-Indianer, die sie auch nach Einführung europäischer Gewehre noch lange bei der Jagd und im Kampf benutzt haben. Durch die sekundenschnelle, lautlose Handhabung, die enorme Durchschlagskraft der (meist aus geringer Entfernung abgesandten) Geschosse und die unproblematische Ergänzung der Pfeilmunition erwies sich die traditionelle indianische Ausrüstung den Vorderlader-Gewehren gegenüber lange Zeit ebenbürtig oder gar überlegen. Der oftmals kampfentscheidende Einsatz einer kleinen, mit Flinten ausgerüsteten

Skalp, *mit Lederriemen in einen Holzrahmen gespannt und mit zwei Hairpipes und einer Grizzly-Kralle geschmückt. Er soll nach Angabe des Sammlers Patty Frank von einem im Kampf getöteten Häuptling der Arapaho stammen (D13b: 698).*

(Text: S. 97)

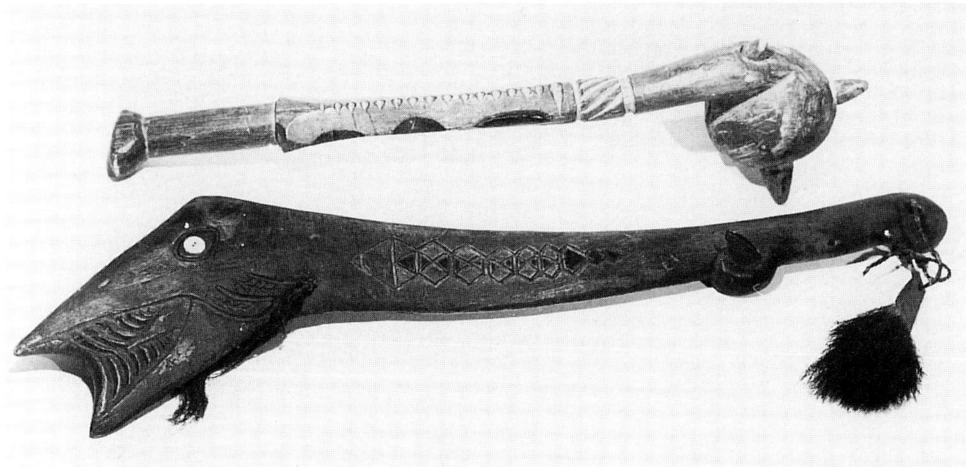

Holzkeulen *aus dem Östlichen Waldland, von ungewöhnlichen Formen. Die morgensternartige* **Kugelkopfkeule** *wurde 1927 auf der Tonawanda Reservation von dem Seneca Kenneth E. Parker erworben, einem Enkel des bekannten Ely S. Parker. Letzterer war im Sezessionskrieg Stabsoffizier bei General Grant, später Commissioner of Indian Affäirs und schließlich Liga-Häuptling der Seneca (D3: 240). Die* **Gewehrkolbenkeule** *von den Winnebago zeigt den Kopf eines Schlangen-Monsters. Auf der flachen Seite ist eine Klapperschlange eingeritzt, gelb, rot und schwarz bemalt (D3: 259).*

Schützentruppe beruhte nicht unbedingt auf ihrer Feuerkraft, sondern sicher zu einem nicht geringen Teil auf der dadurch ausgelösten „moralischen Wirkung". Erst mit der Einführung der kurzläufigen Repetiergewehre gingen die Vorteile der Bogenwaffe weitgehend verloren. Aber auch danach haben die Indianer ihre Bögen und Pfeile noch erfolgreich einsetzen können, wie etwa im Jahre 1876 in der bekannten Schlacht am Little Bighorn River.

Nach der Übernahme des Pferdes haben die Prärie-Indianer im allgemeinen wesentlich kürzere Bögen und Pfeile verwendet als in früherer Zeit. Viele Stämme am Ostrand der Prärien benutzten einfache, D-förmige Stabbögen aus Eschen-, Ulmen-, Hickory- oder Weißeichenholz. Der typische Prärie-Bogen aber hatte meist eine etwas andere Form: Er war doppelt geschwungen und an der Außenseite durch eine aufgeleimte zerfaserte Sehnenschicht verstärkt, die ihm außerordentliche Elastizität und Schnellkraft verlieh. Die besten Bögen wurden aus dem gelblichen „Bogenholz" (bois d'arc; Osage orange) gefertigt, das vor allem aus den Osage-Prärien bezogen und weit gehandelt wurde.

Obwohl die Zahl der bei Grabungen auftauchenden steinernen Geschoßspitzen unerschöpflich zu sein scheint, haben die Indianer solche aus Hartholz und Knochen sicher ebensooft verwendet. Die Prärie-**Pfeile** in völkerkundlichen Sammlungen sind allerdings überwiegend mit dreieckigen scharfgeschliffenen Eisenspitzen versehen, die die Indianer bereits frühzeitig von weißen Händlern bezogen. Pfeile mit stumpfen Enden wurden

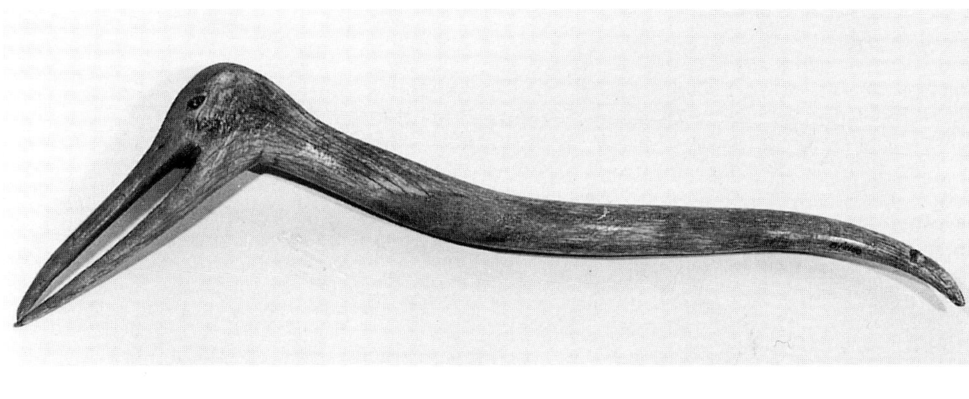

Zeremonialkeule *aus einer Wapiti-Geweihzacke. Diese Geweihkeule in Form eines Spechtkopfes ist zweifellos eine sehr alte Zeremonialwaffe, die nach 1850 nicht mehr in Gebrauch war. Ähnlich geformte Vogelkopf-Stäbe aus Holz wurden bei Tänzen bestimmter Frauen- und Männerbünde der Crow und Hidatsa getragen (alte Nr.: 1180).*

gebraucht, um das Pelz- oder Federkleid kleiner Jagdtiere nicht unbrauchbar zu machen.

Die Bezeichnung „Tomahawk" gehört mit zu den allerersten nordamerikanischen Lehnwörtern, die in unserer Alltagssprache Eingang gefunden haben. Mit diesem Begriff hatten die Algonkin-Stämme des östlichen Nordamerika ursprünglich ihre steinernen oder hölzernen Schlagwaffen – und vielleicht auch entsprechende Werkzeuge – benannt, ehe diese Bezeichnung schließlich den aus Europa importierten Stahläxten (engl. hatchets) zugelegt wurde. Einen Begriff vom Aussehen dieser älteren Nahkampfwaffen vermitteln die sogenannten **Kugelkopf**- und **Gewehrkolben-Keulen**. Die in der Sammlung gezeigten Waffen dieses Typs stammen allerdings aus relativ später Zeit und sind nicht nur mit stählernen Spitzen oder Klingen versehen, sondern z.T. rundum mit Messing-Ziernägeln beschlagen.

In dem Maße, wie die alten Keulen durch eingehandelte **Metall-Streitäxte** ersetzt wurden, entwickelten sie sich mehr und mehr zu schön verzierten Zeremonial- und Paradewaffen. Daneben behielten sie bei verschiedenen Stämmen noch lange Zeit eine gewisse religiöse und soziale Bedeutung. Nicht selten sind solche Keulen später in „heiligen Bündeln" aufbewahrt worden. Dieser zeremoniellen Seite haben im übrigen auch die Verhandlungs-Diplomatie und der Indianerhandel Rechnung getragen, und zwar mit der Entwicklung des **„Pfeifen-Tomahawks"**, bei dem Kriegs- und Friedenssymbol zu einem Gegenstand vereint sind.

Eine profane, aber überaus gefährliche Reiterwaffe war dagegen der **Streithammer** der Prärie-Indianer. Er bestand aus einem eiförmigen Geröllstein, der mit einer Schlinge an einem federnden, mit Rohhaut umnähten Holzstab befestigt war. Diese Hammerkeule, die die berittenen Shoshoni im 18. Jh. mit furchtbarer Wirkung zu handhaben verstanden, scheint ursprünglich eine Waffe aus dem Nordwesten des Präriegebiets gewesen zu sein.

Im 17. und 18. Jh. haben einige Stämme noch große körperdeckende Lederschilde ins Feld geführt, die die in Linie aufgestellten Krieger wirkungsvoll vor den Pfeilen ihrer Gegner schützen konnten. Der Einsatz des Gewehrs und die mobile Taktik des Reiterkampfes führten aber bald dazu, daß diese schwere und ungefüge Schutzbewaffnung aufgegeben wurde. In späterer Zeit haben die berittenen Krieger nur noch kleine **Rundschilde** beim Kampf getragen. Sie wurden aus der verfestigten Nackenhaut alter Bisonbullen geschnitten und konnten selbst einem aus weiter Entfernung abgefeuerten Gewehrschuß standhalten. Größere Macht wurde allerdings der schützenden „Medizin"bemalung zugeschrieben, die auf das Hartlederstück oder die darüber gezogene hirschlederne Hülle gemalt wurde. (R.K.)

(Abbildungen: S. 60–62 und 65)

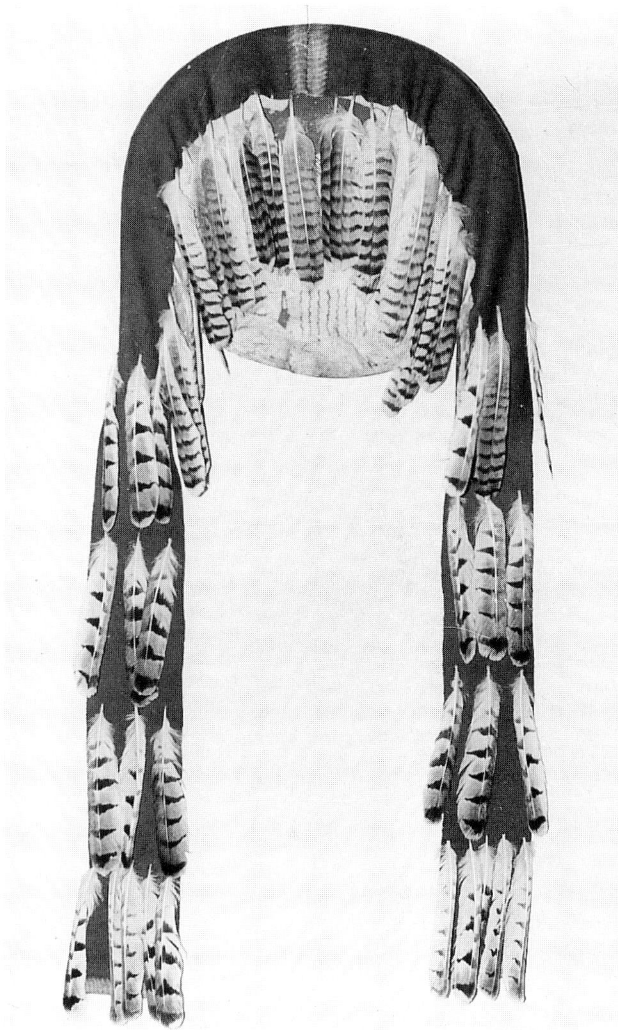

***Zeremonialschild,** Apache (Kiowa-Apache). Die aus einem lederbespannten Holzreifen bestehenden, leichten Schilde hatten praktisch keine militärische Bedeutung, obwohl sie häufig bei sogenannten „Kriegstänzen", Paraden und Umzügen getragen wurden. Solche Tanz- und Zeremonialschilde waren nicht selten mit einem federbesetzten Tuchstreifen versehen, ganz ähnlich wie die Schleppen an den Federhauben, den „Krähengürteln" und den standartenartigen Adlerlanzen (D25: 342).*

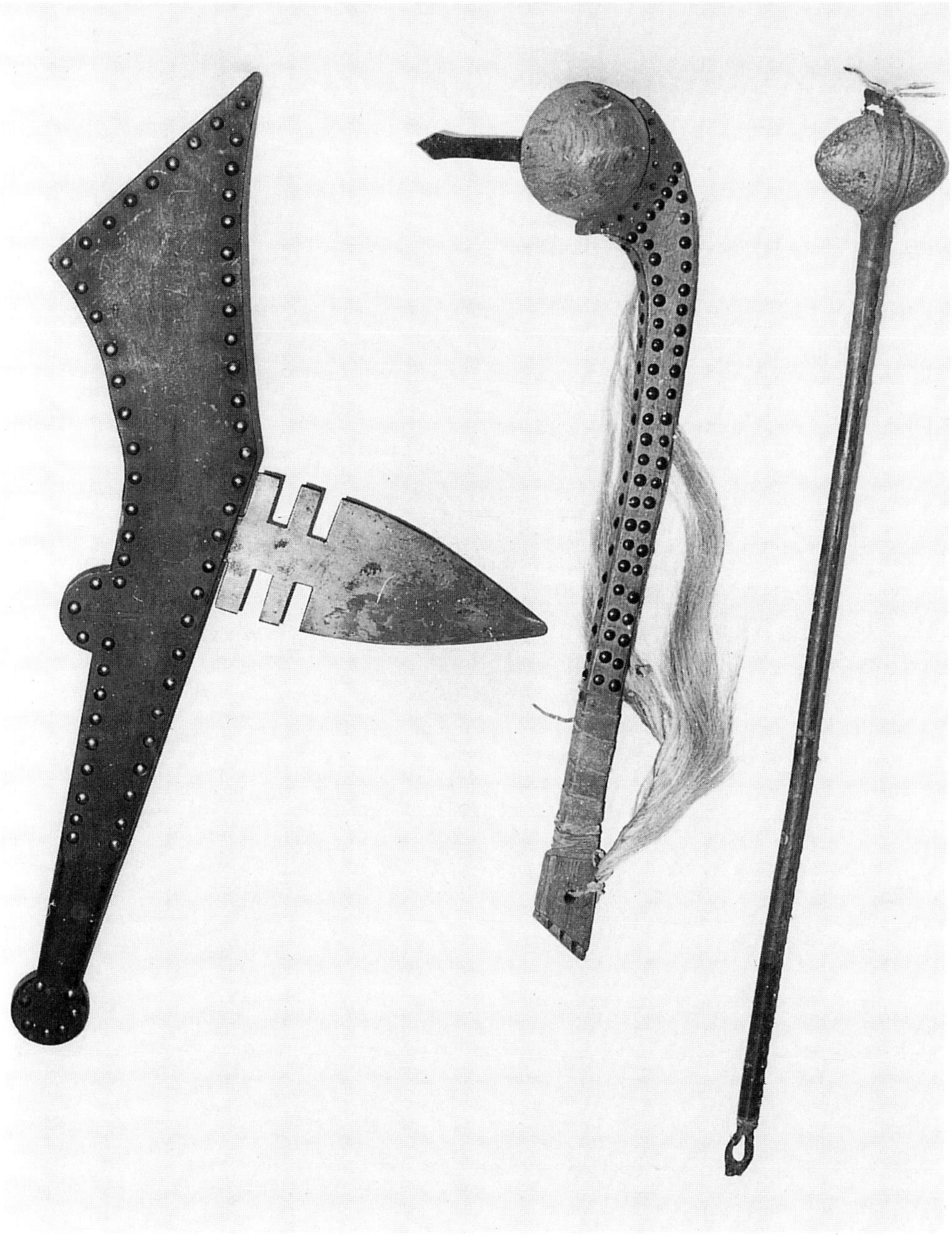

Kugelkopf-Keule *(im Jargon der franko-kanadischen Waldläufer: „cassetête" - Schädelbrecher);* **Gewehrkolbenkeule** *mit Eisenklinge;* **Streithammer** *mit elastischem Griff, Prärie-Indianer. Die alten Holzkeulen der östlichen Stämme bilden das zeremonielle Gegenstück zu den Calumets, die hauptsächlich der Adoption und Aussöhnung von Stammesfremden dienen sollten. Wie diese Calumets waren sie oft mit roter oder grüner Farbe bemalt (D25: 357; D17: 358; D19: 366).*

Paradesattel für Männer, Prärie-Indianer. Auch die Kissensättel der Männer waren für den Alltagsgebrauch fast immer unverziert. Das hier gezeigte Paradestück aber ist kunstvoll mit Gehängen aus zylindrischen Glasperlen und besticktem Tuchbesatz geschmückt. Die Glasperlen-Ornamente auf den Kissenteilen zeigen neben moderneren floralen Formen auch das altindianische „Erdmotiv": einen Kreis mit dem eingeschlossenen Kreuz der vier Himmelsrichtungen (D23: 312).

(Text: S. 55–57)

Säbel in verzierter Rohleder-Tasche, Crow; perlenbestickte **Gewehrhülle**, Crow. Gegen Ende des vorigen Jahrhunderts kam in der Crow-Reservation in Montana die Gewohnheit auf, bei Zeremonien und Paraden Kavalleriesäbel in verzierten Rohledertaschen vorzuführen. Die Waffen wurden stets von Frauen im feierlichen Zug getragen. Möglicherweise sind diese Aufzüge in Zusammenhang mit der Agitation des Crow-Medizinmannes „Sword Bearer" (Schwertträger) entstanden, der 1887 bei einem Aufstandsversuch ums Leben kam (D25: 340; D25: 339).

(Text: S. 57 ff und 93)

Kriegsschild, *mit Schutzsymbol bemalt; Lakota. Die Kriegsschilde der Prärie-Indianer bestanden aus dicker Bisonhaut und waren mit Riemen zum Halten und Umhängen versehen. Darüber wurde häufig ein Überzug aus Hirsch- oder Antilopenleder gezogen, auf den die Schutzbemalung (z.B., Donnervogel) aufgetragen war, und der oft mit Federn, Vogel- oder Hermelinbälgen behängt gewesen ist. (E3: 716).*

(Text: S. 59)

Zeremonialschild, *Apache (bemalte Vorderseite). Die Darstellung des Bisons, der vierstrahligen Sterne und der Regenlinien ist als Abbildung des „Regenweges“ gedeutet worden. Tanzschilde dieser Art sind typisch für einige Stammesgruppen, deren Kultur durch die Indianer der südlichen Prärien beeinflußt wurde. Die auf die Innenseite gemalte blaue Figur erinnert an den heiligen Vogel in den Peyote-Zeremonien (D25: 342)*

(Text. S. 59)

Kostümfigur: „Schwarzfuß-Indianer im Winteranzug". *In den feucht-kalten Wald- und Sumpfgebieten rings um die Hudson Bay hatte sich Stoffkleidung bereits im 18. Jh. durchgesetzt. Später kam sie auch bei Stämmen der nördlichen Prärien in Gebrauch. Sie war bequemer und leichter zu trocknen als die altindianische Ledertracht (D9: 491 bis 503). – Ein mit einer „Lebenslinie" gekennzeichneter Hirsch ist das Schutzsymbol des* ***Kriegsschildes*** *(Piegan; D9: 498). Zum Schild gehört eine unverzierte Hülle, die bei Paraden, Tänzen und vor dem Kampf entfernt wurde.*

(Text: S. 65/66)

Messerscheide, *mit Stachelschweinsborsten bedeckt, mit dazugehörigem Messer. Bei der Scheide sind die Borsten um zwei glatte Tannenholzspäne herumgelegt und auf das Leder aufgenäht worden. Dazu quer durchgeflochtene weiße Borsten bilden das Muster. Das* **Messer** *hat eine einschneidige Klinge. Dazu existiert ein altes Etikett: „Scalper-Messer der Irokesen, mit einer von gefärbten Federkielen (des Histrix) geflochtenen Scheide, womit sie die Hirnschale ihrer Gefangenen ausschneiden und als Siegeszeichen aufheben – Skalpeer-Mes. der Chirokeesen" (D2: 264), Zeichnung von H. Dengler.*

(Text: S. 49)

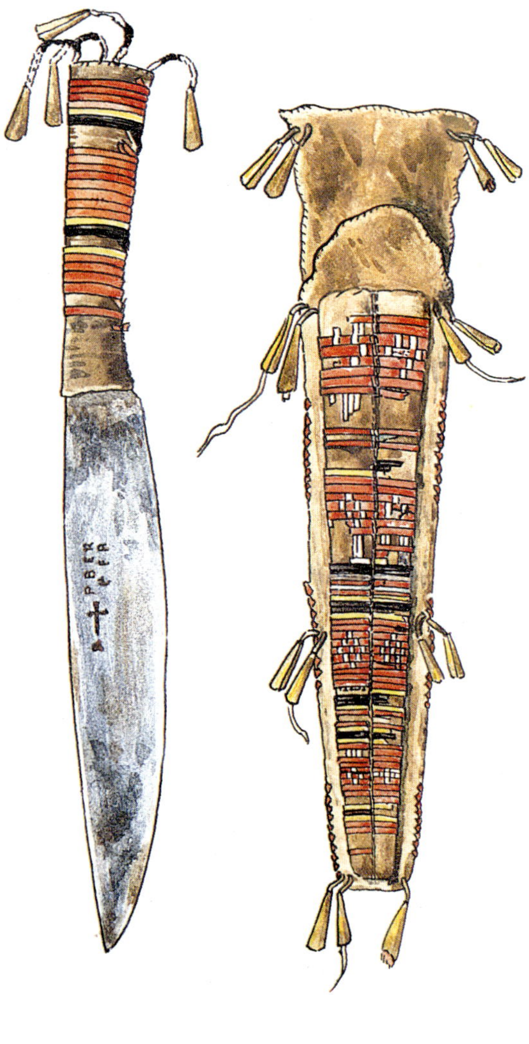

*Kostümfigur „***Sioux-Häuptling***"*

(Text: S. 75)

„Missouri"-Axt; ***Pfeifen-Tomahawk,*** *Sioux (Oglala). Im Laufe der Zeit haben verschiedene Handelsfirmen unterschiedliche Axttypen entwickelt und auf den Markt gebracht. Übliche Bezeichnungen weisen nicht immer exakt auf die Herkunft dieser Waffenformen hin (D25: 359; D24: 284).*

(Text: S. 59)

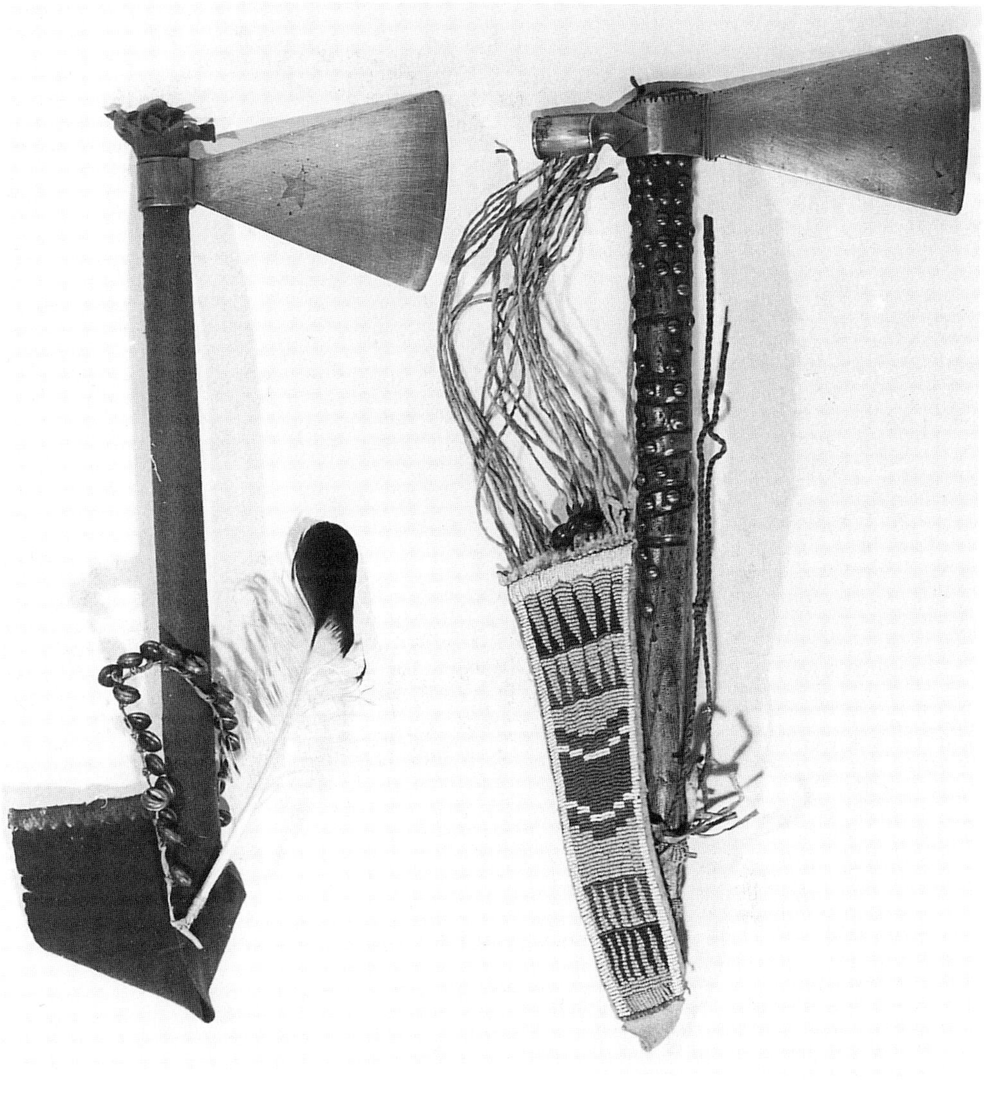

„Schwarzfuß"-Mann im Winteranzug

Der Zusammenhalt eines Bisonjäger-Stammes war stets nur von kurzer Dauer, denn die vielen hundert Menschen, die sich im Hochsommer in einem großen Lagerkreis zusammenfanden, konnten selbst unter günstigen Bedingungen nur wenige Wochen ernährt werden. Danach teilten sich die Prärie-Stämme wieder in eine Reihe kleinerer Verbände (Bands) auf. Fünf Monate lang lebten die Indianer der nördlichen Prärien in mehr oder weniger ortsfesten Winterlagern, die sie in bewaldeten Flußtälern aufschlugen. Dort waren sie meist ausreichend mit Feuerholz, Wasser und Futter (Pappelrinde) für ihre Pferde versorgt und fanden außerdem etwas Schutz vor den Härten des Präriewinters.

Auch das Jagdwild zog sich in solche begünstigte Reviere zurück, wo ihm die Jäger - einzeln oder in kleinen Gruppen - nachstellten. In tiefverschneitem Gelände verschafften ihnen **Schneeschuhe** entscheidende Vorteile beim „Niederrennen" (run down) der Bisons, Elche und Wapitis. Da deren Winterfell dicht und lang ist, eignete es sich vorzüglich für warme, wetterfeste Kleidung. Vor allem aber wurden in dieser Jagdsaison wertvolle Pelze (Biber, Moschusratte, Marder, Mink u.a.) erbeutet, die die Indianer allerdings kaum für den eigenen Bedarf, sondern für den Tauschhandel nutzten.

Das Vordringen der Pelzhandels-Gesellschaften und die Aktivität indianischer Zwischenhändler machte auch entfernt wohnende Stämme mit neuen Gebrauchsartikeln (Feuerwaffen, Messern, Beilen, Stahlfallen, Metallkesseln, Decken usw.) und Luxuswaren (Zucker, Tee, Rollentabak, Alkohol) bekannt, auf die sie bald nicht mehr verzichten wollten. Nicht wenige dieser Waren wurden von bestimmten Firmen in Europa oder in den Oststaaten der Union speziell für den Indianerhandel hergestellt oder beschafft, wie etwa das legendäre Vorderlader-Gewehr, die „North West Gun", oder die bevorzugten Wolldecken mit schwarzen, roten oder gelben Streifen, die „Hudson's Bay Blankets". Auch Schmuckartikel („Wampum-Hairpipes", **Glasperlen**, Messingdraht, **„falsches Dentalium"** aus Milchglas u.a.) fanden sich regelmäßig im Angebot der weißen Händler.

Handelsverbindungen haben das Kräfteverhältnis zwischen den indianischen Stämmen oftmals entscheidend beeinflußt. So wurden die „Schwarzfuß"-Indianer (Blackfoot oder Blackfeet) zur militärisch stärksten Macht in den nordwestlichen Prärien, nachdem sie etwa um 1730 von den Assiniboin und Cree ihre ersten Gewehre erhalten hatten. Mit deren Hilfe drängten sie die gefürchteten Shoshoni, die damals noch keine Feuerwaffen besaßen, aus den Büffel-Prärien in die Vorberge der Rocky Mountains zurück, und um 1790 kontrollierten sie ein gewaltiges Gebiet, das vom North Saskatchewan bis zu den Quellflüssen des Missouri reichte.

Die südlichen Blackfoot (Piegan oder Peigan) verschafften sich nun mit friedlichen und kriegerischen Mitteln Zugang zu den großen Pferdeherden der westlichen Stämme (Crow, Flathead, Nez Percé, Kutenai) und unternahmen gelegentlich sogar Beutezüge bis zu den spanischen Siedlungen weit im Süden. Dagegen bauten die beiden nördlichen Abteilungen (Siksika und Kainah) vor allem die Beziehungen zu den britischen Händlern am Saskatchewan aus. Sie erwarben Gewehre, Messer und Beile, die sie bei ihren südlichen Verwandten gegen Pferde eintauschten. Da stets ein großer Bedarf an leistungsstarken Jagd- und Transporttieren bestand, waren auch im Winter fast immer kleine Trupps wagemutiger Männer unterwegs, um Pferde zu erbeuten. Sie zogen in der Regel zu Fuß aus.

Zur Wintertracht der Krieger gehörte ein **Mantel mit Kapuze** (Blanket Capote), der aus einer Wolldecke der Hudson's Bay Company genäht war. Er hatte keine Knöpfe, war nach indianischer Manier mit Fransen verziert und mit rotem Wollflanell (Bayette) eingefaßt, entsprach aber im Schnitt weitgehend dem Vorbild der franko-kanadischen „capots". Im Zipfel der Kapuze konnten Rauchzeug, Tabak und andere kleine Gebrauchsgegenstände untergebracht werden.

Zu dieser Ausrüstung gehörten ferner eine **Mütze aus Wolfspelz** sowie dicke Handschuhe, Leggings aus Deckenstoff oder festem Leder und unverzierte, fellgefütterte Mokkasins. Zum Schutz der Pulverladung wurde das Gewehr auf dem Marsch in einem **ledernen Futteral** getragen. Wenn Männer auf Pferderaub auszogen, trugen sie häufig Teile eines Kriegszaubers (Federbüschel, Halsketten u.a.) als Amulett am Körper oder in den Haaren, legten aber gewöhnlich keinen profanen Schmuck an. In der Vor-Reservationszeit, als die jungen Männer der Blackfoot noch häufig an Pferderaubzügen teilnahmen, sah die Ausrüstung der aktiven Krieger etwas schlichter und handfester aus, als es die perlenverzierten Gegenstände der Kostümfigur vermuten lassen. (R.K.)

(Abbildung: S. 63)

Friedenspfeife und Calumet

Das Tabakrauchen, seit Jahrhunderten auf allen Kontinenten ein zur Mode gewordener Genuß, war für die Indianer eine religiöse Zeremonie, eine Art Opfer, getragen von der Auffassung, daß der Rauch die Gedanken oder Gebete der Menschen zu den heiligen Mächten tragen würde. Deshalb wurde der Tabakrauch zeremoniell oft in alle vier Himmelsrichtungen, zur Sonne und zur Erde geblasen. Häufig wurde Tabak auch als Opfer im offenen Feuer verbrannt, ins Wasser oder auf die Erde gestreut oder in heiligen Bündeln, Medizinbeuteln u.a. deponiert. Der Anbau und der Handel mit Tabak war für die Arikara und Mandan ein einträgliches Geschäft. Es gab sogar Stämme, die sonst keinerlei Kulturpflanzen anbauten, sondern ausschließlich Tabak, wie etwa die Crow, Blackfoot, Hupa, Yurok und Maidu. Andererseits ist bemerkenswert, daß Tabak oft nicht nur pur geraucht wurde, sondern als „Kinnikinnik", d.h. „Gemischtes", unter Zusatz von getrockneter Rinde vom Hartriegel, von Blättern des Sumach-Strauches u.a.m.

***Fünf Pfeifenköpfe** aus Stein. Der schwarze Schieferkopf mit Zinneinlagen stammt vermutlich von den Ojibwa (D11b: 291), das dazugehörige flache Holzrohr ist in halber Länge mit einem Borstengeflecht rot, grün, weiß und orange umwickelt. Aus rotem Catlinit gefertigt worden sind der Pferdekopf (alte Nr.: 656) sowie die flache Scheibenpfeife. Letztere trägt auf der Sohle die Dakota-Inschrift: „Wamnu hadan" (D5: 220). Das Rohr dazu ist gewunden geschnitzt. Der Kopf mit den beiden Sitzfigürchen aus Chloritschiefer soll von den Potawatomi im frühen 19. Jh. geschnitzt worden sein (D11b: 289). Der dicke, fast eiförmige Kopf ist vom sogenannten „Micmac-Typ", der aber durch den Pelzhandel bis zu den Blackfoot verbreitet wurde (ohne Nummer).*

➤

***Calumet-Rohr**. Es ist durchbohrt, kann also mit einem Kopf zusammengesteckt als Pfeife verwendet werden. Der Fächer aus sechs Seeadlerfedern ist sehr roh gearbeitet, denn diese stecken noch in dem Hautstück. Die Pferdehaare sind blaugrün gefärbt (alte Nr.: 313).*

***Zeremonialpfeife** der Siksika. Nach H. Denglers Katalogangaben vermutlich die Pfeife eines Kriegsanführers, wahrscheinlicher aber eine „Medicine Pipe". Darauf deuten die zahlreichen Anhänger an dem mit Hermelinfell umwickelten Rohr hin, die alle eine bestimmte Bedeutung gehabt haben müssen: Stück rotbraun gefärbtes Leder mit gestutzter Raubvogelfeder, Schwanz einer Wildkatze, Krähenflügelfeder, Elsterschwanzfeder, weiße Seeadlerschwanzfeder, Blaureiherfeder, ein Paar Adlerflaumfedern, Streifen Hermelinfell mit Schwanzspitze, Bussardschwanzfeder, Elsterflügelfeder, Hermelinfellstreifen mit rotgefärbten Flaumfederchen an der Spitze, drei Skalphaarsträhnen, kleiner dunkelblonder Skalp mit dunkelrot gefärbter Lederseite, Stückchen Büffelfell. Nicht alle sind erhalten. Der Pfeifenkopf aus Catlinit mit Bleieinlagen ist vom T-förmigen Dakota-Typ. Zur Pfeife gehört das **Futteral aus Rohleder**, rechts (E6: 735).*

Ausdruck der zeremoniellen Bedeutung des Rauchens ist die plastische Ausgestaltung der steinernen Pfeifenköpfe mit Tier- oder Menschenfiguren, eine kunsthandwerkliche Tradition, die sich bis in die Zeit vor Christus zurückverfolgen läßt. Im 18. Jh. waren es besonders die Cherokee, im 19. Jh. die östlichen Sioux oder Dakota sowie Ojibwa und Potawatomi, die kunstvoll gestaltete Steinköpfe anfertigten und damit handelten.

Die Dakota benutzten Catlinit oder roten Pfeifenstein, der seit Jahrhunderten in einem heiligen Steinbruch bei Pipestone in Minnesota gebrochen wurde und heute noch wird, während die Ojibwa u.a. auch dunklen Chlorit und Steatit verarbeiteten. Neben plastischer Gestaltung wurden auch Einlegearbeiten mit Blei oder Zinn und roten Catlinit-Splittern hergestellt, die effektvoll mit dem dunklen Stein kontrastieren.

Der franko-kanadische Begriff „Calumet" bezog sich ursprünglich nicht auf die Tabakspfeife, sondern auf ein nach bestimmten Prinzipien geschmücktes Rohr, das nur gelegentlich als Pfeifenrohr verwendet werden konnte. Wesentlich am Calumet waren der Fächer aus Adlerfedern, die blaue oder grüne Bemalung, die angebundenen gefärbten Haar-Büschel und häufig auch Kopfbälge von Wildenten und Spechten. Calumets wurden ursprünglich bei den Pawnee, Omaha und Osage, später auch bei den Sioux, Hidatsa u.a. in der Hunka-Zeremonie verwendet. Diese hatte die Herstellung von Frieden und Freundschaft zwischen zwei Stämmen, Sippen oder Familien durch zeremonielle Adoption eines Kindes oder jungen Mädchens zum Inhalt. Dabei wurden stets **zwei Calumets** verwendet, die Begriffspaare Himmel-Erde, Krieg-Frieden, Mann-Frau, Tag-Nacht symbolisierend. Durch Adoption erhielten diese Mädchen das Recht, eine **Fellrobe**, mit einem speziellen asymmetrischen Symbol bemalt, zu tragen.

Die Idee, eine mit langem, geschmückten Rohr versehene Pfeife als „Friedensstifter" einzusetzen, als „Friedenspfeife" also, war schon im 18. Jh. weit über die genannten Stämme hinaus verbreitet worden, bis hin zu den Irokesen im Osten und den Cree im Norden. Durchaus folgerichtig war es also, wenn solche Friedenspfeifen zu Amtsinsignien von Häuptlingen wurden, deren Aufgabe darin bestand, den Frieden innerhalb der Gemeinschaft zu wahren und aufkommende Streitigkeiten durch Vorweisen oder Anbieten der Pfeife zu ersticken, wie etwa bei den Menomini, Winnebago u.a. Bei den Lakota oder westlichen Sioux wurde einer bestimmten Schicht von Häuptlingen, den „Wakichunza" („Diejenigen, die entscheiden"), alljährlich zur Amtseinführung eine lange Pfeife zusammen mit einem großen, reichgeschmückten

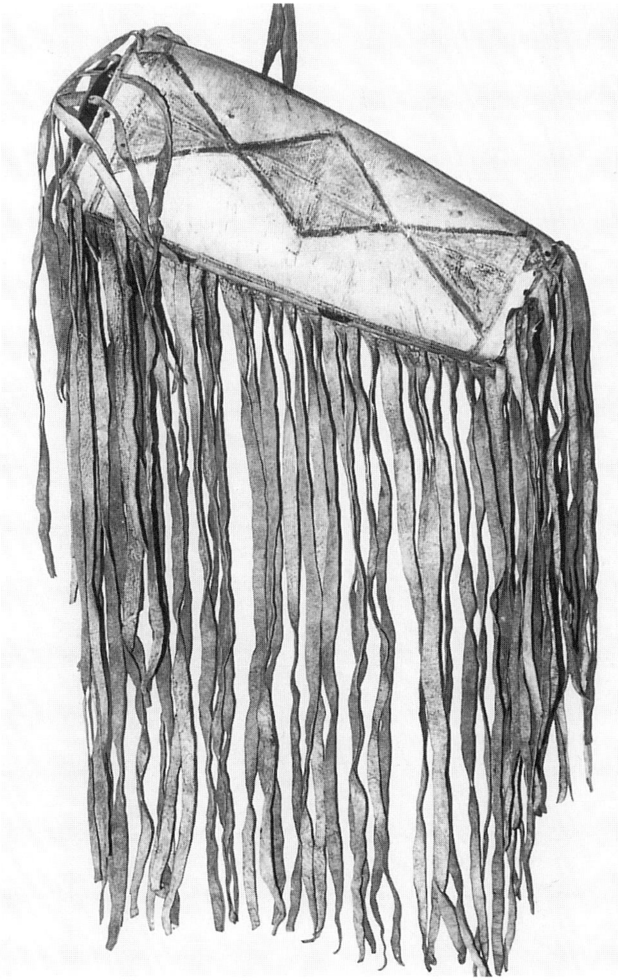

Pfeifenbeutel als Würdeabzeichen überreicht. Die Oglala besaßen vier dieser Häuptlinge, die Brulé nur zwei.

Bei anderen Stämmen war es im Laufe der Zeit mehr zur Betonung des religiösen Aspekts der Pfeife gekommen: Sie waren zu Heiligtümern geworden, so bei den Arapaho, Atsina, Kiowa und Blackfoot-Stämmen. Bei letzteren galten die **„Medicine Pipes“** als Gaben des Donnervogels, wurden in einem „heiligen Bündel“ zusammen mit Vogelbälgen, Federn, Tabak, Farben zur Bemalung eingewickelt, aufbewahrt und sollten dem Besitzer und dessen Familie Gesundheit und Wohlergehen schenken. Jeder angesehene Siksika oder Piegan war deshalb bestrebt, wenigstens einmal im Leben eine Medicine Pipe durch Kauf zu erwerben und eine Zeitlang zu besitzen. Da es nur etwas mehr als ein Dutzend solcher Pfeifenbündel in jedem Stamm gab, würde bald ein anderer Stammesgenosse es von ihm erwerben wollen, und ihm mußte er es wieder verkaufen. (L.D.)

(Abbildung: S. 32)

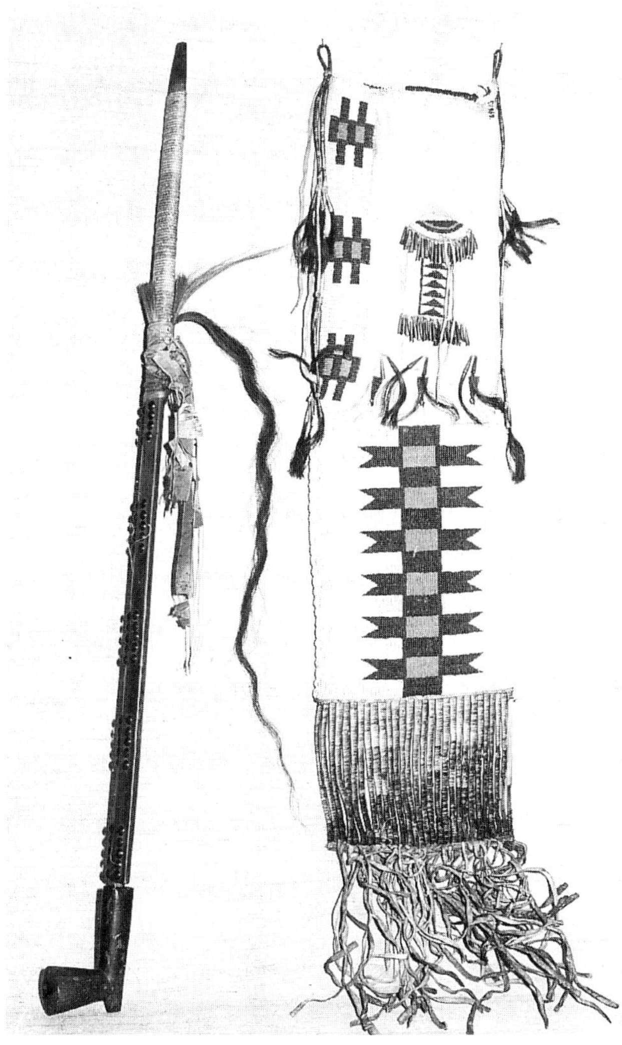

*Typische **Dakota-Pfeife** mit T-förmigem Kopf aus Catlinit und flachen, mit Messingnägeln beschlagenem Rohr. Dazu der **Pfeifenbeutel** mit reicher Glasperlenverzierung (D24: 282; D24: 283).*

Sonnensymbol und Sonnentanz

Häufig war auf den bemalten Fellroben der Männer speziell bei den verschiedenen Sioux-Stämmen und ihren Sprachverwandten, also den Assiniboin, Crow, Hidatsa u.a., ein großes kreisrundes Symbol dargestellt, das von den Indianern als Sonne oder auch als Adlerfederhaube – von oben gesehen – gedeutet wurde. Überhaupt galt (und gilt) ihnen das Kreissymbol als heilig, das sich auf die tägliche Bahn der Sonne, auf die Abfolge der Jahreszeiten oder die Folge menschlicher Generationen beziehen kann. Im Grundriß kreisförmig war und wiederum ist auch die Sonnentanzhütte, weiterhin das riesige Lager, in dem sich der Stamm aus Anlaß dieses Festes alljährlich im Hochsommer versammelt, und schließlich auch jedes einzelne Tipi.

Mitten in der Sonnentanzhütte wird der Sonnentanzpfahl – gewöhnlich der Stamm einer Cottonwood-Pappel – errichtet, der auch in der Zeichnung auf der **Büffelkalb-Fellrobe** einen zentralen Platz einnimmt. Er ist rot und schwarz bemalt und trägt in einer oberen Astgabel ein Zweigbündel, das als „Nest des Donnervogels" interpretiert wird, dazu ein farbiges Tuchbanner.

Rechts vom Sonnentanzpfahl ist ein Mann dargestellt, zu dessen Lobpreisung die Zeichnung wahrscheinlich angefertigt worden ist. Man hat in ihm jenen Mann zu sehen, der das Gelübde abgelegt hatte, einen Sonnentanz veranstalten zu lassen. Anlaß zu dem Gelübde mochte ein Gebet zur Errettung aus Lebensgefahr, im Kampfe oder zur Genesung eines erkrankten Familienmitgliedes gewesen sein. Auch ein Traum konnte ihn dazu angeregt haben. Durch ein solches Gelübde agierte er folgerichtig als Haupttänzer des Sonnentanzes. Er trägt deshalb die typische Tracht aller Tänzer: Der Oberkörper blieb nackt und war nach bestimmten Regeln bemalt, um den Unterleib wurde eine Wolldecke oder Fellrobe wie ein langer Frauenrock gelegt. Die grünen Streifen an den Gelenken und um die Schulter, wo sie ein Sonnenbildnis tragen, sind wohl Binden aus heiligem Salbei-Kraut. Darüber hinaus zeichnet die Adlerfederhaube diesen Mann als erfolgreichen Krieger aus, der einen Skalp und ein Pferd quasi als Opfergaben verschenkt.

Der Haupttänzer mußte sich den Beistand eines renommierten Medizinmannes sichern, der daraufhin die Rolle des obersten Sonnentanz-Priesters übernahm. Der Mann links auf der Zeichnung „hat die Pfeife genommen", also akzeptiert. Der Vogelbalg auf dem Kopfe könnte seine persönliche Medizin sein oder aber, da er zugleich eine Lanze und ein an den Nähten gefranstes Lederhemd trägt, ein Abzeichen als Anführer eines Kriegerbundes, etwa der „Raben-Träger". Als solcher würde

Büffelkalbfell *mit Sonnentanzdarstellung von den Lakota. Laut Katalog soll es als Kindermantel benutzt worden sein. Das Fell ist stark abgenutzt und beschädigt, mit groben Nähten geflickt. Wahrscheinlich ist es von weißen Amerikanern als Schlittendecke o.ä. benutzt worden. Die Malerei ist ziemlich verwischt. Deshalb ist die von H. Dengler angefertigte Zeichnung aus dem Bestandskatalog reproduziert worden (alte Nr.: 352).*

er alle Bundesmitglieder auffordern dürfen, beim Sonnentanz mitzuwirken. Bei der gemeinsamen Büffeljagd im Sommer übernahm derselbe Kriegerbund meistens auch die Funktion der Jagdpolizei.

Wapiti-Fellrobe *der Oglala mit dem in der Mitte aufgemalten Sonnensymbol. Die drei Büffelköpfe sollen sich auf den Sonnentanz beziehen (D13a: 681).*

Rings um die Szene sind die wichtigsten fleischliefernden Jagdtiere dargestellt, also Büffel, Bär, Wapiti-Hirsch, Bighorn-Schaf und Cabri-Antilope. Die blau-gelbe Bemalung von Büffel und Bär könnte nach dem Farbsymbolismus der Lakota andeuten, daß man sich zu Beginn des Sommerhalbjahres das Wiedererscheinen dieser Tiere erhofft, indem diese aus Erdhöhlen heraus an das Tageslicht treten.

Auf der ausgestellten **Hirschfellrobe** der Oglala-Lakota sollen laut Katalog drei Büffelköpfe anzeigen, daß der Träger dreimal aktiv am Sonnentanz teilgenommen hat. Tatsächlich wurde in der Sonnentanzhütte immer ein Altar errichtet, auf dem ein bemalter Büffelkopf oder -schädel thronte als augenfälliges Symbol für die alljährliche Wiederkehr der großen Büffelherden. Andererseits könnten die Büffelkopf-Zeichnungen aber auch Hinweis auf eine spezielle Form der Selbsttortur beim Sonnentanz sein. An Riemen, die durch Haut und Fleisch des Rückens oder der Schulter gezogen waren, trugen manche Tänzer einen oder auch mehrere Büffelschädel bzw. schleppten sie hinter sich her.

Es stand aber diese Art der Selbstfolterung im Ansehen eindeutig hinter einer anderen, spektakuläreren Form, bei der der Tänzer mittels eines langen Riemens am Sonnentanz-Pfahl festgepflockt war und nicht selten sogar daran hochgezogen wurde. Aus dieser Lage mußte er sich durch Herausreißen der Holzpflöcke selbst befreien. So war die Tortur bei den Oglala und anderen Lakota-Gruppen zu einem komplizierten abgestuften System und zu einem wesentlichen Bestandteil des Sonnentanzes geworden. Bei den anderen Prärie-Stämmen spielte die Tortur hingegen keineswegs eine solche wichtige Rolle. Kiowa und Shoshoni wandten sie überhaupt nicht an und beschränkten sich auf Fasten. Auch die Ausrichtung auf die Sonne als „Zur-Sonnestarren-Tanz“ war typisch für die Lakota. Bei den Cheyenne dagegen war dieses Fest eine Zeremonie der Welterneuerung und hieß „Neulebenshütte“. (L.D.)

Musikinstrumente

Die Musik der Indianer Nordamerikas basiert im wesentlichen auf dem Gesang, und die Instrumente dienen meistens nur dessen Begleitung, anders als etwa in Mittel- und Südamerika. Wichtigste und fast überall verbreitete Rhythmusinstrumente waren **Trommeln** und **Rasseln**. Bei den verschiedenen Typen von Rasseln waren nicht die unterschiedlichen Klangeffekte das Wichtigste, sondern die spezielle Verwendung bei bestimmten Zeremonien. **Rasselstäbe** mit klappernden Hirschhufen oder auch Blechhülsen verwendeten einige Kriegerbünde, vor allem die „Hunde“, bei ihren Tänzen. Ringförmige oder kugelige **Rasseln aus getrocknetem Rohleder** dienten anderen Bünden oder auch den Medizinmännern als Instrument. Mit der Ausbreitung des Peyote-Kultes, der in der Einnahme des Halluzinationen erzeugenden Peyote-Kaktus gipfelte, fand die **Kürbisrassel** um 1900 bei vielen Stämmen Anwendung. Auch die **Pfeifen** aus Vogelflügelknochen dienten speziellen Zwecken: Verwendet wurden sie auf Kriegszügen, bei Tänzen einzelner Kriegerbünde, beim Sonnentanz und im Peyote-Kult.

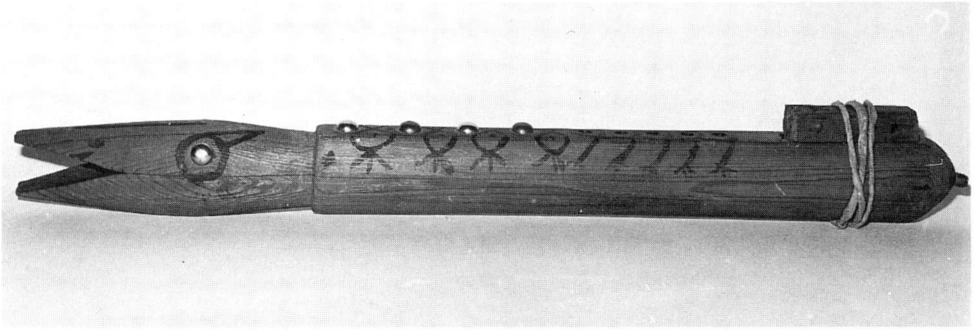

Grifflochflöte, dem Typ nach eine sog. „Vorsatzflöte". Das Rohr ist zum Aushöhlen gespalten und dann wieder zusammengeleimt worden. Es ist rot gefärbt, der Tierkopf grün, mit dunkelrotem Schlund. Der Kopf soll wohl der eines Kranichs oder Reihers sein, denen man wegen ihrer Balzrufe Zaubermacht bei der Liebeswerbung zusprach. Auch von der Phallus-Gestalt des Instrumentes wird man Zauberwirkung erwartet haben (alte Nr.: 67).

Die aus Holz geschnitze **Grifflochflöte** war eines der wenigen melodiefähigen Instrumente im östlichen und mittleren Nordamerika. Sie wurde von jungen Männern bei ihrem Liebeswerben benutzt. Man schrieb nicht allein ihren Melodien, sondern auch ihrer oft mit einem Tierkopfe versehenen Gestalt eine bezaubernde Wirkung auf junge Mädchen zu. (Bemerkenswert ist, daß die auf der Flöte geblasene Melodie nicht selten im Anschluß daran ebenfalls noch gesungen wurde.)

Melodiefähig war auch die mit einem Bogen gestrichene **Fiedel** der Apache. Sie war aber kein ursprünglich bei ihnen heimisches Instrument. Ebensowenig freilich kann man sie als eine Nachahmung der europäischen Geige betrachten. Von der Form her ähnliche Instrumente gibt es auf verschiedenen indonesischen Inseln und auch auf den Philippinen. Da letztere einmal zum spanischen Kolonialreich gehört haben und die Verbindung vom Mutterland über Mexiko lief, kann man eine Entlehnung auf diesem Wege annehmen. (L.D.)

***Fiedel** der Apache. Der Schallkörper wurde aus dem ausgehöhlten Segment eines Agave-Blütenstengels gefertigt und an beiden Enden mit Harz verkittet. Der Streichbogen aus einem gespaltenen Weidenzweig ist mit Roßhaaren bespannt (C11: 174).*

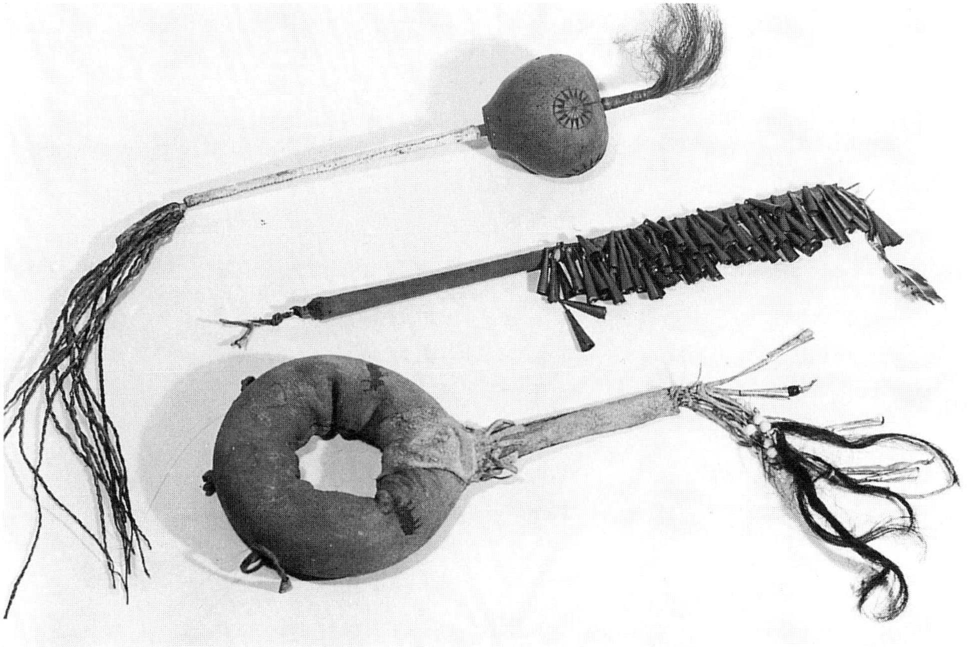

Blechhülsenrassel, Ringrassel *aus Hartleder und* ***Kalebassenrassel,*** *letztere von den Kiowa und speziell bei Peyote-Zeremonien benutzt (D8: 516; D8: 522; D8: 514).*

Adlerfederhauben

Die Adlerfederhaube, für uns *das* Wahrzeichen des nordamerikanischen Indianers, ist in der bekannten Form noch nicht sehr alt. Noch um 1800 war an den Großen Seen sowie in den nördlichen und mittleren Prärien neben verschiedenen anderen Kopfputzen eine Art Federkronen üblich, an denen die Federn starr befestigt waren und dadurch steif nach oben standen. Erst 1820 bis 1830 ist die heute wohlbekannte Form von den Sioux-Stämmen am Missouri, Crow, Hidatsa und Mandan entwickelt worden, indem man die Federn locker mittels Lederschlaufen an einer Kappe anbrachte, so daß sie fächerförmig seitwärts und nach hinten fallen konnten. Nicht selten kam noch eine lang herabwallende Rückenschleppe mit einfacher oder doppelter Federreihe hinzu, die erst hoch zu Roß voll zur Wirkung kam. Gleichzeitig wurde auch eine kombinierte Form entwickelt: eine Büffelhörnerhaube mit Hermelinfellbesatz, ebenfalls mit einer Federreihe auf langer Rückenschleppe, letztere meist aus rotem Wollstoff.

Beide Arten von Kopfschmuck waren hohe Auszeichnungen für erfolgreiche Krieger, wenn es auch keineswegs zutrifft, daß jede Feder für eine besondere Kriegstat gestanden hätte. Federhauben wurden zu Würdeabzeichen von Kriegshäuptlingen sowie Anführern von Kriegerbünden. Schließlich kam auch ein religiöser Aspekt hinzu, denn Adler und Büffel galten als heilige Tiere, und die Federn mußten von einem Vogel stammen, den man zeremoniell gefangen und erdrosselt oder wieder freigelassen hatte. Diese komplizierte Fangmethode wiederum ließ die Adlerfedern recht kostbar werden, und eine vollständige Federhaube hatte deshalb den Wert eines oder gar zweier Pferde.

Seit 1850 verbreitete sich die Federhaube relativ schnell bei allen Stämmen der Prärie, nach Süden hin bis zu den Kiowa und Comanche. Als im Zug der Ansiedlung in Reservationen nach 1870 Kriegszüge immer häufiger unterbunden wurden, verlor die Federhaube ihren Charakter als Kriegerauszeichnung und wurde zu einem festlichen Schmuck, den eigentlich jeder respektable Mann tragen konnte.

Buchillustrationen, Wildwest-Shows und Zirkusvorstellungen verbreiteten in der amerikanischen und europäischen Öffentlichkeit seit etwa 1880 die Vorstellung, als sei die Adlerfederhaube der typische Kopfputz „des Indianers“ gewesen. Stammesgruppen, die bis dahin an den altmodischen steifen Federkronen festgehalten hatten, wie Blackfoot, Irokesen und Ojibwa (letztere beide benutzten meist Truthahnfedern), gaben dem Trend nach und übernahmen nun ebenfalls die Adlerfederhaube. Im Rahmen der Herausbildung eines panindianischen Mischstils kam diese schließlich überall hin, selbst zu den Delaware, Yakima, Hopi und Apache. Die Daunenfedern an den Federspitzen oder -kielen wurden nun häufig bunt gefärbt, rot, gelb oder sogar blau. (L.D.)

*Sogenannter **„Deerhair Roach“**, bürstenartiger Kopfschmuck, gefertigt aus rotgefärbten Hirschwedelhaaren und dunklen Stachelschweinshaaren. Er war ursprünglich bei den Stämmen des Seengebietes und am Ostrand der Prärien ein Kriegerabzeichen, wurde aber ab etwa 1880 mit der Ausbreitung des „Omaha-Tanzes“ oder „Grastanzes“ bei allen Präriestämmen verbreitet (D19: 365). Nach Maximilian zu Wied sollen die Schwanzrasseln von Klapperschlangen, die an den Spitzen der Adlerfedern befestigt sind, erfolgreiche Pferderaubzüge anzeigen (alte Nr.: 267).*

Hörnerhaube *mit einer langen Reihe Adlerfedern auf der Rückenschleppe. Die Hörner sind grün gefärbt (D19: 370).*

***Adlerfederhaube** der Omaha in noch wenig ausgeprägter Form: noch fehlen das perlenbestickte Stirnband und der Schläfenbehang. Die später typische und weitverbreitete Form ist bei der Kostümfigur „Sioux-Häuptling“ und im Diorama bei der Figur des „American Horse“ zu sehen (D5: 214).*

Sioux-Häuptling

Der Name „Sioux“ ist sicher einer der bekanntesten „Stammesnamen“, und doch ist er gar kein indianisches Wort. „Sioux“ ist die Endsilbe von Nadowessioux, womit der französische Waldläufer diese Indianer bezeichnete. Es ist ein verstümmeltes Algonkin-Wort. Allerdings haben die Indianer den Begriff übernommen und benutzen ihn heute selbst.

Die Eigenbezeichnung lautet „Dakota“ bei den östlichen oder Santi-Stämmen bzw. „Lakota“ bei den westlichen oder Teton-Stämmen. Alle diese Dialekt-Varianten bedeuten „Verbündete“, und als solche haben sich die verschiedenen Stämme auch angesehen, ohne daß es zu einer festen politischen Gemeinschaft, wie etwa bei den Irokesen, gekommen wäre. In dieser Beziehung waren die einzelnen Gruppen, wie die Oglala, Hunkpapa, Brulé von den Lakota, bzw. die Mdewakanton, Wahpekute, Sisseton bei den Dakota, durchaus selbständig.

Jeder dieser Gruppen stand eine Anzahl von Häuptlingen vor, die in verschiedene Ränge gegliedert waren, und die auch unterschiedliche Amtsinsignien führten. Die Bezeichnung „Shirt Wearer“, von denen gewöhnlich vier in einem Stamm gewählt wurden, bezieht sich auf die mit Skalplocken an den Nähten geschmückten **Lederhemden**. Die **Friedenspfeife** mit dem langen verzierten **Pfeifenbeutel** und die **Adlerfederhaube** sind als Insignien bereits erwähnt worden.

Schließlich sind noch die **Medaillen** zu nennen. Spanische, französische, britische und amerikanische Behörden benötigten für ihre Vertragsabschlüsse autorisierte Verhandlungspartner, die sie dann durch Verleihung von Medaillen, Fahnen, Urkunden, Uniformen o.ä. auszuzeichnen und nicht selten zu korrumpieren suchten. Mitunter wurden willfährige Verhandlungspartner von ihnen sogar als Häuptlinge deklariert, besonders in der Reservationszeit. Nicht immer wurden sie von den Indianern akzeptiert, manchmal sogar als „Paper Chiefs“ geschmäht. (L.D.)

(Abbildungen: S. 64, 76 und 77)

***Krummstab.** Derartige Paradewaffen - auch der Krummstab war eigentlich eine Lanze mit einem gebogenen hinteren Ende - gehörten zu den wichtigsten Amtsinsignien der Kriegerbünde. Die Ausschmückung, z.B. Umwicklung mit Otterfellstreifen sowie angehängte Federbüschel von Eule, Adler u.a., gab Auskunft, um welchen Kriegerbund es sich handelte (D19: 371).*

„Schwarzfuß"-Indianerin

Der fast ständige Kriegszustand, in dem sich praktisch alle Prärie-Stämme befanden, hat auch das Zahlenverhältnis zwischen den Geschlechtern drastisch verändert. Es gab viel mehr Frauen als Männer im heiratsfähigen Alter. Die sozialen Folgen wurden dadurch etwas gemildert, daß reiche Männer, die den geforderten Brautpreis aufbringen konnten, oft mehrere Frauen heirateten und versorgten. Die eheliche Verbindung mit mehreren Schwestern wurde als besonders günstige Lösung angesehen.

Eine hervorgehobene Stellung im Haushalt nahm die „Hauptfrau" ein. Sie spielte auch im religiösen und zeremoniellen Leben – beim Ausrichten eines Sonnentanzes oder bei der Erwerbung eines „Medizin-Bündels" oder einer „Medizin-Pfeife" – eine wichtige Rolle. Die Hauptlast der schweren Arbeiten lag bei den untergeordneten Nebenfrauen, insbesondere wenn sie als Kriegsgefangene aus einem fremden Stamm kamen. Dagegen hatte eine Frau aus vornehmer Familie stets eigenen Besitz und eine stattliche Pferdeherde in die Ehe gebracht, über die sie auch später selbständig verfügen konnte.

Ein **mit Wapiti-Zähnen besetztes Kleid** gehörte zum wertvollsten Besitz einer Frau. Da für diesen Schmuck nur die Eck- und Schneidezähne der großen Hirsche verwendet wurden, war ein solcher Behang nicht leicht zu beschaffen. Auch ein erfolgreicher Jäger konnte das Material dafür nur mit Mühe im Laufe der Jahre zusammenbringen. Wapiti-Zähne wurden darum oftmals verkauft und gehandelt und erzielten fast immer ansehnliche Preise. Für hundert Schmuckzähne wurden um 1850 zehn Hermelin-Felle oder ein gutes Pferd geboten. Bei den Blackfoot soll ein reichverziertes Frauenkleid sogar mit zwei Pferden oder mit einem starken „Büffel-Pferd", einem der kostbarsten Besitztümer, bezahlt worden sein.

Diese Frauenkleider waren vor allem bei den Crow und Blackfoot hochgeschätzt. Einige besonders wohlhabende Frauen besaßen prächtige Gewänder mit 300 und mehr Zähnen, die als große Kostbarkeiten angesehen wurden. In der Reservationszeit haben die Indianer Stoffkleider in ähnlicher Weise mit Imitationen aus Knochen oder mit Kauri-Schnecken verziert.

Muster und Farben der **Glasperlen-Stickereien** waren dem Wechsel von Marktlage und Moden unterworfen und haben sich oft innerhalb kurzer Zeit gewandelt. Während Frauenkleider der südlichen Blackfoot (Piegan) um 1830 häufig im Stil der Missouri-Stämme mit großen blauen und weißen Perlen bestickt waren, ist später die Kombination von weißen, grünen und weinroten Perlenstreifen recht charakteristisch gewesen. In der 2. Hälfte des 19. Jh. sind große Glasperlen („pony beads") nur noch selten verwendet und fast überall durch die kleineren „seed beads" ersetzt worden.

Die aus Geschirrleder gefertigten und mit Neusilber-Scheiben besetzten **Frauengürtel** waren typisch für die Tracht der Sioux, Cheyenne und der südlichen Prärie-Stämme nach 1860. Die Blackfoot-Frauen haben sie kaum verwendet. (R.K.)

(Abbildungen: S. 78 und 79)

Lederhemd *mit breiten Schulterstreifen, die mit Stachelschweinsborsten-Applikation bedeckt sind. Es stammt von den Oglala der Pine Ridge Reservation und laut Denglers Katalog aus dem Besitz des Häuptlings Red Leaf (D21: 415).*

(Text: S. 75)

Skalphemd, *Sioux/Lakota, vermutlich frühes 19. Jh. Viele der bekannten Krieger und Häuptlinge der Prärie-Sioux haben im 19. Jh. Lederhemden getragen, die mit Menschenhaaren verziert waren. Sie sind stets Abzeichen von Männern gewesen, die sich durch außergewöhnliche Kriegstaten hohes Ansehen erworben hatten. In älterer Zeit scheinen diese Skalphemden nicht nur Krieger-Auszeichnungen, sondern Amts-Insignien für auserwählte Männer („Shirt Wearers") gewesen zu sein, die als eine Art Stammes-Regierung wichtige Entscheidungen mit großer Autorität durchsetzen konnten. Das kurze mit Skalphaaren und Rabenfeder-Büscheln verzierte Hemd stellt eine frühe Form dar (D21: 412).*

Kostümfigur „Schwarzfuß"-Indianerin. *Das wertvolle Kleid der jungen Piegan-Frau ist aus zwei fein gerötelten Häuten des Bergschafs zusammengenäht. Seinen Hauptschmuck bilden die 80 Zähne des Wapiti-Hirsches, die auf Brust- und Rückenteil genäht sind oder an kurzen Lederschnüren herabhängen (D12: 325 bis 338).*

(Text: S. 76)

Frauenkleid der südlichen Cheyenne, mit völlig ausgesticktem Schulterjoch. Bei der **Kindertrage** der Comanche ist charakteristisch, daß die linke und rechte Seite unterschiedlich gemustert sind (D18: 401; D18: 408).

(Text: S. 81/82)

Sogenanntes **„Parflèche“.** Falttasche aus ungegerbtem und nur getrocknetem Leder, diente zur Aufbewahrung von Pemmikan oder auch von Kleidungsstücken. Die Bemalung wurde von Frauen angefertigt, sie folgte einem speziellen Stil, der sich grundsätzlich von den Ledermalereien der Männer unterschied (alte Nr.: 455).

(Text: S. 76)

__Mokkasins__, meistens vom Waldland-Typ. Die beiden linken Mokkasins sind von Irokesen. Eine einfache Längsnaht auf dem Fußrücken bewirkt eine starke Fältelung. Die Aufschläge zeigen eine relativ seltene Borstengeflechttechnik, wie sie sonst auf Messerscheiden und Pfeifenrohren angewandt wurde. Bei dem jüngeren Irokesen-Mokkasin aus dunkelbraunem Leder ist der U-förmige Einsatz völlig von Borstenapplikationen verschiedener Techniken verdeckt. Deutlich sieht man den U-Einsatz bei dem rechts folgenden Stück von den Naskapi (Nenenot). Rechts außen ist ein unfertiger Mokkasin aus dem Missouri-Gebiet vom einteiligen Prärie-Typ mit Seitennaht zu sehen. Laut Katalog wurde er von Herzog Paul v. Württemberg im frühen 19. Jh. erworben (D15: 696; D15: 695; D15: 697; D15: 692).

Mokkasins

Während fast überall bald nach den ersten Kontakten mit Europäern die Kleidung aus Leder durch solche aus eingehandelten Stoffen ersetzt wurde, trifft das für die lederne Fußbekleidung, die mit dem Algonkin-Wort „Mokkasin“ bezeichnet wird, nicht zu. Im 20. Jh. waren die Mokkasins oft das einzige im Alltag getragene altindianische Kleidungsstück. Für Schneeschuhe und im Kanu waren sie wegen ihrer Elastizität unverzichtbar. Das macht es möglich, Veränderungen und Stilwandlungen an ihnen über etwa 200 Jahre zu verfolgen.

Ältere Exemplare bestehen fast immer aus einem einzigen Stück Wildleder. Dieses wurde im Östlichen Waldland oft braun geräuchert, was nicht allein eine Modesache war. Dadurch verhinderte man auch ein Hartwerden beim Trocknen, wenn die Mokkasins naß geworden waren. Ferner war der Mokkasin vom Waldland-Typ nur durch zwei kurze Nähte zusammengefügt: eine Naht lief die Hacke hinauf, eine zweite dem Fußrücken entlang. Dazu war es notwendig, das Leder über der Zehenpartie zusammenzuraffen. Das hatte freilich die Bildung zahlloser Fältchen zur Folge, und so soll beispielsweise der Stammesname Ojibwa von dem Wort „fälteln“ abgeleitet worden sein.

Der äußere Rand des Lederstücks bildete rings um die Knöchelpartie einen manschettenartigen Überschlag, der vor allem zum Schutz gegen Schnee wie ein Stulp hochgezogen werden konnte, später aber immer häufiger hinabgeschlagen wurde, oft an der Ferse in zwei Lappen geteilt. Die Konstruktion des Mokkasins vom Waldland-Typ bedingte, daß er symmetrisch gebildet war und beide Stücke eines Paares sich völlig glichen. Erst nach längerer Benutzung nahmen sie die Formen der beiden Füße an. Entsprechend symmetrisch war die Verzierung: ein Streifen Stachelschweinsborsten-Applikation sollte die den Fußrücken entlang laufende Naht verdecken, zwei weitere folgten den Kanten der beiden heruntergezogenen Überschläge.

Anders war die Konstruktion des Mokkasins im Prärie-Gebiet. Das Lederstück wurde dort so zusammengeklappt, daß die untere Hälfte die Sohle und die obere das Oberteil bildeten. Eine Naht an der Außenkante des Fußes entlang fügte beide Hälften zusammen und bewirkte von Anfang an eine fußgerechte, also asymmetrische Form jedes Mokkasins. Ein Schlitz im Oberteil diente dazu, den Fuß hindurchzustecken. Natürlich konnte so kein Überschlag entstehen, stattdessen oft durch den doppelten Schlitz eine lange Zunge.

Beide Grundformen sind in verschiedener Weise weiterentwickelt worden, gewöhnlich durch Annähen weiterer Teile. So erhielt der Waldland-Typ einen oft reichverzierten U-förmigen Einsatz auf dem Spann, wodurch die Fältelung erleichtert wurde. Mit Mokkasins dieser Variante waren meistens die halbindianischen Angestellten der Pelzhandels-Companien und Waldläufer ausgerüstet, so daß diese Art in Kanada weit nach Westen verbreitet wurde. Selbst verschiedene Präriestämme haben sie übernommen.

Wichtigste Zutat beim Prärie-Typ wurde eine zusätzlich angenähte Sohle aus ungegerbtem Hartleder. Vorbilder dafür mochten die Sandalen der Pueblo-Indianer oder die festen Sohlen europäischer Schuhe gewesen sein. Nach 1850 wurden Prärie-Mokkasins fast immer aus zwei Teilen zusammengenäht: einem Oberteil aus weichgegerbtem Leder und der Sohle aus harter Rohhaut. Die Verzierung aus Glasperlenschnüren oder Stachelschweinsborsten bedeckte oft das Oberleder völlig, wobei die asymmetrische Form des Fußes durch eine Zierborte, die der ringsumlaufenden Naht folgte, betont wurde.

Eine Spezialform bei Stämmen der südlichen Prärie waren Frauen-Mokkasins, die mit Leggings kombiniert wurden. Ohne Frage hat diese Form ihr Vorbild in den langschäftigen Mokkasins der Apache, und es sind wohl kriegsgefangene Apache-Frauen gewesen, die diese zuerst bei den Comanche, Kiowa und Cheyenne hergestellt haben. (L.D.)

(Abbildungen: S. 80 und 93)

Großflächige Perlenarbeiten der Prärie-Stämme

Nach der meist zwangsweisen Ansiedlung der Prärie-Stämme in Reservationen um 1870 geschah etwas Bemerkenswertes: Die Glasperlenstickereien auf Leder und z.T. auf Stoff wurden prächtiger, üppiger und bunter als in der klassischen Büffeljägerzeit. Bei den **Frauenkleidern** wurden die Schulterjoche, die vordem nur mit einigen querlaufenden Streifen geschmückt waren, nun völlig mit Glasperlen bedeckt. Flächenfüllend verzierte man auch **Gürtel**, **Frauenleggings**, **Kindertragen** sowie **Lederwesten** und **-hosen** für Knaben, die beide nach dem Vorbild der „Weißen“ geschneidert wurden. Bei **Mokkasins** waren mitunter nicht nur das Oberleder vollständig mit Perlen besetzt, sondern auch die Sohlen.

Man bediente sich dabei einer schon lange üblichen Sticktechnik, des „Lazy stitch“, des „Faulenzerstiches“. Dabei wurden kurze Perlenreihen parallel nebeneinander aufgesetzt, so daß lange schmale Streifen oder Gassen entstanden. Um große Flächen zu verzieren, wurden viele solcher Gassen nebeneinandergefügt. Bei den gezeigten **Knabenhosen** sind es immerhin 28. Komplizierte geometrische Ornamente konnten gebildet werden, wobei orientalische Teppiche als Vorbilder gedient haben dürften. Der Hintergrund ist überwiegend weiß, mitunter auch hellblau gehalten, und davon heben sich die Ornamente dunkelviolett, hellgrün, gelb, dunkelrot ab. Berücksichtigt man, daß zu dieser Zeit von Stämmen des Östlichen Waldlandes auch Gegenstände mit Blumenmustern eingehandelt und nachgeahmt wurden, ergibt sich ein Bild von Prunk und Pracht.

Ursache für diese Entwicklung war einmal die massenweise Einfuhr von kleinen Glasperlen - den „seed beads“ - in verschiedensten Farben. Zum anderen hatten die Frauen jetzt mehr Zeit für solche Arbeiten. Durch die Ansiedlung in Reservationen waren viele Frauenarbeiten nun nicht länger möglich oder nötig: Gerben der mitunter massenhaft anfallenden Wildhäute, Herstellung von Pemmikan, also Trockenfleisch, schließlich die mühseligen, mit einem Lagerwechsel verbundenen Arbeiten des Verpackens, des Ab- und Aufbaus der Zelte usw. Für Männer hatten die drastisch veränderten Lebensumstände oft Langeweile und damit Alkoholismus und Spielsucht zur Folge, während Frauen ihre Zeit mit Stickarbeiten verbrachten.

Man darf sich auch nicht täuschen lassen, denn die Alltagskleidung aus Stoffen war nun ziemlich schmucklos, während die üppig bestickten Kostümteile festlichen Gelegenheiten und dem einsetzenden Show-Geschäft vorbehalten waren. Letztendlich wollten damit wohlhabende Familien ihren Reichtum demonstrieren. Angesehene und reiche Familien stellten oft eines ihrer Kinder aus Prestigegründen in den Mittelpunkt öffentlichen Interesses, indem sie in seinem Namen Geschenke an

Knabenanzug, *bestehend aus Weste und Hose. Er soll aus dem Besitz der Familie des berühmten Oglala-Häuptlings Red Cloud stammen (alte Nr.: 472).*

(Text: s. auch S. 105)

die Armen machten, es verwöhnten und auch prächtig kleideten. Überreich gestickte Knabenanzüge, Mädchenkleider und selbst Kindertragen sind für solche „bevorzugten Kinder“ bestimmt gewesen.

Nicht nur mit Glasperlen, sondern auch mit alteinheimischem Material, den Stachelschweinsborsten, wurde überreich verziert. Beispielsweise besetzte man damit bei Mokkasins vollständig das Oberleder. An der üppig geschmückten **Lederweste** ist die Vermischung verschiedener Stile auffällig: Die komplizierten geometrischen Motive sind wie bei Glasperlenarbeiten nach den Vorbildern von Orientteppichen gestaltet worden. Sonnenscheiben und Federfächer hingegen hatte man ehemals auf Büffelfellroben gemalt. Dazu sind noch stilisierte Blumenranken durch den Einfluß von Waldlandstämmen hinzugekommen und schließlich – als letzter Modeschrei – US-Fahnen. Durch die Verwendung von eingehandelten Anilin-Farben (statt der früheren Pflanzendekokte) zum Einfärben der Borsten veränderte sich auch die Farbskala: Rot, Orange, Violett, Grün und Gelb waren bestimmend geworden. Die Farben wirkten zunächst grellbunt, sind aber durch Lichteinwirkung schnell verblichen, oft nachhaltiger als die alten Pflanzenfarben. (L.D.)

(Abbildungen: S. 79 und 95)

Brustschmuck und Hairpipes

Wie bei der Glasperlenverzierung wirkte sich die industrielle Massenfertigung auch auf eine andere Schmuckform aus, die **„Hairpipes“**. Mit diesem Wort bezeichnete man seit dem 18. Jh. fingerlange Röhrchen aus Glas, Silber, Messing u.a. Materialien, die im Pelzhandel an die Indianer geliefert und von diesen als Schmuck getragen wurden - im Haar (daher wahrscheinlich der Name), am Ohr, in Halsketten. Kurz vor 1800 begannen einige Wampumhersteller an der Atlantikküste, derartige Röhren aus Muschelschalen zu fabrizieren, die **Wampum-Hairpipes**. Sie waren bei Indianern außerordentlich beliebt. Seit 1860 fertigten daraus zuerst wohl die Comanche, dann auch Kiowa, Cheyenne und Arapaho neben Halsbändern auch eine Art Brustschmuck, indem sie die Hairpipes in mehreren Reihen zu Flächen zusammenfügten. Diese Gehänge waren anfänglich nicht groß, denn man benötigt dazu viele Hairpipes, und diese waren infolge der mühevollen Herstellungsweise und ihrer Zerbrechlichkeit ziemlich teuer.

Neben den Wampum-Hairpipes benutzten die Indianer nicht selten vom Pazifik eingehandelte konusförmige Dentalium-Schalen und gelegentlich selbsthergestellte Röhrenperlen aus hohlen Vogelknochen. Mit letzteren folgten sie einer altindianischen Praktik, die sich Jahrtausende zurückverfolgen läßt. Um 1880 beobachteten einige Händler, wie Ponca-Indianer Knochen für Hairpipes verwendeten, und sie griffen diese Idee auf, um Hairpipes in großem Stil maschinell herzustellen. Das Rohmaterial – Rinderknochen – wurde massenweise von den Fleischkonserven-Fabriken in Chicago, voran der Firma

***Brustschmuck** aus Hairpipes. Mit quer angeordneten Knochenröhrchen (für Männer) bzw. mit senkrechten (für Frauen). Letzterer stammt von den Siksika und ist am unteren Rand mit US-Geldmünzen (One Cent) verziert (F: 745; D14: 421).*

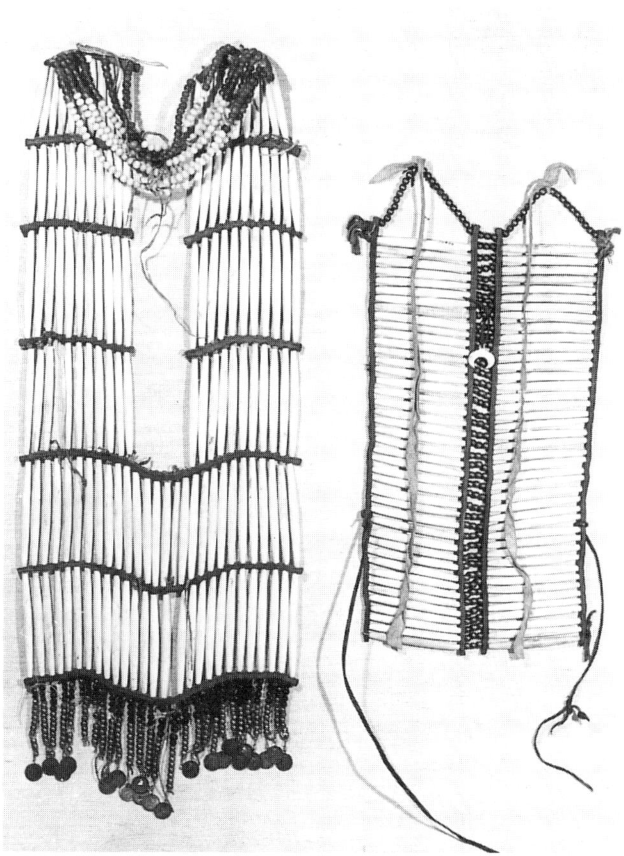

Armour & Co, bezogen. Bald war der Indianer-Markt mit maschinell hergestellten Hairpipes aus Knochen überschwemmt, diese waren billig, in Massen zu beziehen und nahezu unzerbrechlich. Einer solchen Konkurrenz waren die Manufakturen für Wampum-Hairpipes nicht gewachsen, sie stellten schon 1889 ihre Produktion ein. Andererseits war dieser Brustschmuck, nun aus billigen knöchernen Hairpipes, flächenmäßig immer größer geworden und bedeckte oft die Vorderfront des Trägers bis zum Schoß hinab. Er gehörte bald zur Standardausrüstung bei Tänzen, Delegationen und Show-Veranstaltungen, von den Ojibwa und Caddo bis zu den Blackfoot, den Yakima und Ute.

Beim Männerschmuck waren und sind die Hairpipes waagerecht angeordnet, bei den Frauen senkrecht. An Beliebtheit hat dieser Schmuck bis heute wenig eingebüßt. (L.D.)

Indianischer Widerstand

In der öffentlichen Meinung wird der Kampf um die Freiheit als eine der wichtigsten Betätigungen und wertvollsten Tugenden der Indianer angesehen. Die Namen der Anführer und Helden des Freiheitskampfes sind dem Kundigen teuer: Metacom, Pontiac, Tecumseh, Osceola, Crazy Horse, Sitting Bull, Chief Joseph. Nüchtern muß man aber feststellen, daß die Mehrzahl der Stämme durchaus nicht ihr Land und ihre Freiheit mit der Waffe verteidigt hat, daß dies im Grunde genommen auch gar nicht möglich war.

Instruktiv ist die Situation in der zentralen Prärie nach 1860. Die dort lebenden westlichen Sioux-Stämme (Lakota), Cheyenne und Arapaho waren durch den Bau von Straßen, Militärposten, Goldgräber-Camps, Eisenbahnlinien und schließlich durch die Vernichtung der Büffel so aufgebracht, daß sie immer wieder zum Kampf auszogen. Ein Kampf Indianer contra Weiße war dies jedoch nicht, denn die traditionellen Feinde der genannten Stämme stellten sich auf die Gegenseite, auf die Seite der US-Regierung und ließen sich sogar als Scouts und Hilfstruppen anwerben. Dies betraf die Pawnee, Arikara (die „Ree Scouts"), Hidatsa, Crow und Shoshoni. Kollaborateure und Verräter kann man sie deswegen kaum nennen, denn sie waren Jahre und Jahrzehnte vorher gerade von den zahlreichen Lakota immer wieder überfallen worden. Das Schlachtfeld am Little Bighorn gehörte noch um 1850 zum Territorium der Crow.

Es ist auch nicht richtig, daß die Indianer in den Kämpfen um ihre Freiheit besonders dezimiert worden wären. Da haben Epidemien, wie Pocken, Masern, Influenza und auch Tuberkulose, viel schlimmer gehaust. Auch Hungersnöte, Alkoholismus und Umsiedlungsaktionen, wie der „Trail of Tears", kosteten vielen das Leben. Die indianische Art der Kriegführung war schließlich auch recht wirkungsvoll. In manchen Kriegen kamen auf einen gefallenen Indianer fünf, sieben oder gar zehn weiße Amerikaner. Um im Jahr 1886 die letzten freien Chiricahua-Apache, einige Dutzend Männer, Frauen und Kinder, zu unterwerfen, wurden mehrere Tausend Soldaten und Hunderte von Scouts eingesetzt. Im Endergebnis ist aber leider nicht das oft bessere taktische Können der Indianer entscheidend gewesen, sondern die enorme ökonomische, technische und zahlenmäßige Übermacht der weißen Amerikaner. (L.D.)

Indianische Bilder von der Schlacht am Little Bighorn

Eine der furchtbarsten Niederlagen, die die US-Armee jemals in einem Indianerkrieg hinnehmen mußte, war die Schlacht am Little Bighorn in Montana (25. Juni 1876).

***Büffelleder-Malerei** mit Kampfszenen der Schlacht am Little Bighorn, Lakota (Hunkpapa), 1876. Der indianische Maler hat in diesen Bildern höchstwahrscheinlich eigene Eindrücke und Erlebnisse beim Angriff auf Renos Stellungen gestaltet. Von den Soldaten in ihren Schanzlöchern sind nur die Hüte und das Mündungsfeuer der Waffen zu sehen (Zeichnung H. Dengler, E6: 734).*

Sie war Höhepunkt eines kostspieligen und verlustreichen Feldzugs, den die Armee im Sommer 1876 gegen Widerstand leistende Indianer im Gebiet des Bighorn und Powder River führte. In einem großangelegten Kesseltreiben sollten die „feindlichen" Gruppen aufgespürt und vernichtend geschlagen werden.

Einer der aktivsten Offiziere des Unternehmens war der bekannte Reitergeneral G.A.Custer, ein ehrgeiziger Mann, der geradezu darauf brannte, sich als erster durch einen entscheidenden Handstreich hervorzutun. Seine indianischen Späher hatten ein außergewöhnlich großes Lager der Sioux und Nord-Cheyenne im Tal des Little Bighorn River festgestellt, und Custer beschloß, diese Indianer nach bewährter Methode (Überfall am Washita 1868) bei Tagesanbruch zu überfallen und zu vernichten.

Im Vertrauen auf die Kampferfahrung seiner Truppe, des 7. Kavallerie-Regiments, war er sich seiner Sache sehr sicher: Er traf Maßnahmen, um die Flucht der Überfallenen zu verhindern und so die Niederlage der Indianer total zu machen. Nachdem er sich in nächtlichen Eilmärschen dem Lager genähert hatte, teilte er sein Regiment, um von verschiedenen Seiten aus angreifen zu können. Diese überhebliche Verkennung der indianischen Kampfkraft rächte sich furchtbar: Custers Überraschungsangriff wurde zurückgeschlagen, die von ihm geführten Kompanien umzingelt und in kurzer Zeit restlos aufgerieben. Das Major Reno unterstellte Kontingent war in einen Stellungskampf verwickelt worden und konnte an der Niederlage nichts ändern.

Diese letzte siegreiche Schlacht der Prärie-Indianer nimmt einen gewichtigen Platz in der amerikanischen Geschichtsschreibung ein. Sie ist Gegenstand zahlloser historischer Darstellungen – und Heldenlegenden – geworden. 1984 wurde fast das gesamte Schlachtfeld in einem großangelegten archäologischen Einsatz durchforscht.

Aber auch die indianische Seite hat sich mit diesem Ereignis immer wieder auseinandergesetzt. Zu den interessantesten Quellen zählen Bildberichte einiger Lakota- und Cheyenne-Veteranen, die ihre Erinnerungen meistens auf Papier oder weißem Baumwollstoff festgehalten haben. Ihre Arbeiten sind fast ausnahmslos auf Anregung weißer Amerikaner – Jahre oder Jahrzehnte nach der Schlacht – entstanden.

Eines der bemerkenswertesten Dokumente dieser Art aber ist ohne Zweifel eine **Malerei auf Büffelleder** aus dem Jahre 1876. Es ist anzunehmen, daß es sich dabei um die früheste erhalten gebliebene Darstellung aus

„Custers letzter Kampf". *Malerei des Crow-Scouts Curly auf einem großen Baumwoll-Tuch (Ausschnitt). Wie die meisten indianischen Zeichner hat auch Curly mit Sorgfalt die besonderen Merkmale der für den Kampf gerüsteten und geschmückten Indianer-Ponys und der schweren, gesattelten Kavallerie-Pferde wiedergegeben (E2: 710).*

indianischer Sicht handelt. Alles spricht dafür, daß auf dem bemalten Teil Ereignisse dargestellt sind, die sich beim Sturm auf die Stellungen Major Renos abgespielt haben. Auch völkerkundlich sind die Szenen recht interessant. Sie enthalten unter anderem eine der ganz wenigen auf Leder oder Fell gemalten Darstellungen des Skalpierens.

Ein **bemaltes Baumwolltuch** zeigt ein etwas anderes Bild der Custer-Schlacht, das sicher wesentlich später entstanden ist. Der indianische Maler hieß Curly und war einer der Crow-Kundschafter des Generals, die damals auf Seiten der Amerikaner gegen alte „Erbfeinde", die Sioux, kämpften. Vielleicht wollte er mit seiner Darstellung belegen, daß er die Vernichtung von Custers Truppe tatsächlich – wie behauptet – von einem nahegelegenen Hügel aus beobachten konnte. Die sehr individuelle, fast porträthafte Zeichnung der ums Sternenbanner gescharten Offiziere zeigt wohl, daß Curly den Stab der 7. Kavallerie ziemlich genau kannte. Die Gestaltung seines Bildes ist offensichtlich durch die damals sehr populären Gemälde und Drucke von „Custers letzter Stellung" beeinflußt worden. (R.K.)

(vgl. auch Abbildung S. 94)

Geistertanzhemd der Lakota. *Bei der kurz vor 1890 von dem Paiute-Propheten Wovoka begründeten religiösen Erneuerungsbewegung des Geistertanzes wurden solche Hemden von den Tänzern getragen. Obwohl sie aus Baumwolle gefertigt waren, wurden sie ähnlich wie früher die Lederhemden, Schilde und Zeltplanen bemalt – mit heiligen Symbolen, die Schutz und Hilfe bringen sollten, wie Halbmonde, Sterne, Donnervögel, Regenbogen u.a. Die Lakota hofften, dadurch kugelfest zu sein (E4: 726).*

Darstellung des Sonnentanzes *der Lakota, aus dem 20. Jh. (Ausschnitt), (E5: 731).*

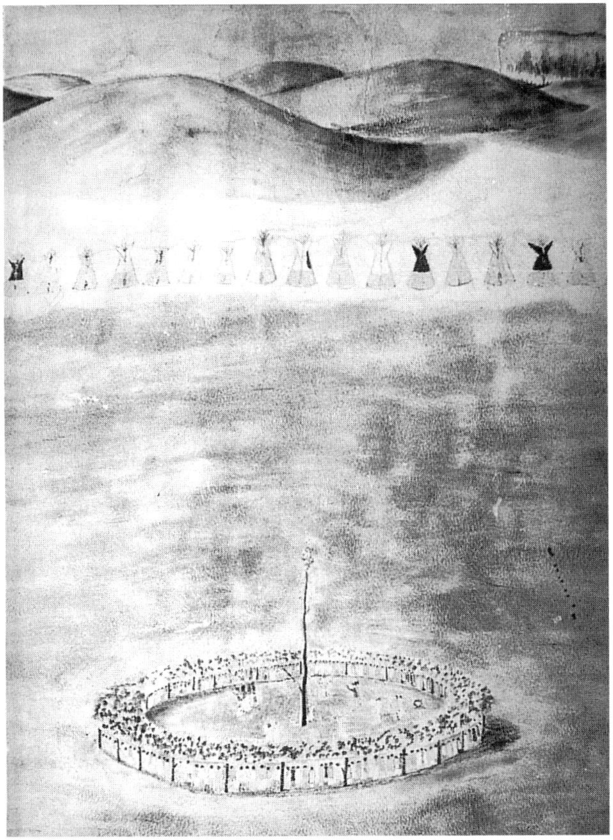

Der erneuerte Sonnentanz

Nachdem um 1870 die verschiedenen Präriestämme in Reservationen angesiedelt worden waren, gingen Behörden und Missionen zügig daran, die Indianer umzuerziehen, sie zu „zivilisieren“ und zu „christianisieren“. Wesentlicher Teil dieser Politik war es, „heidnische“ Zeremonien zu unterbinden und zu verbieten. Vor allem der Sonnentanz geriet wegen der Selbsttorturen unter Verdikt. Wie sehr humanistische Gesichtspunkte dabei oftmals nur Vorwand waren, zeigt sich darin, daß der Sonnentanz auch Stämmen verboten wurde, die die Tortur gar nicht anwandten, wie den Kiowa.

Der Sonnentanz war ja nicht nur eine wichtige religiöse Zeremonie, sondern auch das gesellschaftliche Ereignis des Jahres, das für Zusammenhalt und Selbstidentifizierung des Stammes essentiell war. Ein Verbot des Festes mußte sich zerstörerisch auf das Zusammengehörigkeitsgefühl des Stammes auswirken, und das war auch beabsichtigt im Zusammenhang mit der „Allotment“-Politik, die eine Aufteilung der Stammes-Reservationen in private Parzellen speziell im „Indian Territory“ (heute Oklahoma) zum Ziele hatte. Die Verbotspolitik zeitigte Erfolge, denn die Crow gaben das Fest schon um 1870 auf, um 1880 auch die Sioux-Stämme und später noch andere. Stämmen, wie den Shoshoni, gelang es, das Verbot irgendwie zu umgehen; sie feierten alljährlich weiter.

Alles änderte sich etwas, als 1934 der „Indian Reorganization Act“ erlassen wurde. Nunmehr konnten sich die Stämme wieder als Interessengemeinschaften konstituieren und auch religiös betätigen. Um 1940 führten einige Sonnentanzpriester der Shoshoni ihre Form des Festes bei den Crow ein. Vor allem die Lakota nahmen ihren Sonnentanz wieder auf, und in den siebziger Jahren waren sogar Selbsttorturen wieder zu einem wesentlichen Bestandteil geworden.

In der Zeit des erneuerten Sonnentanzes der Lakota ist die abgebildete **Zeichnung** angefertigt worden – die Sonnentanzhütte inmitten des großen Lagerkreises. Elemente moderner nichtindianischer Malerei sind unübersehbar, so die Perspektive und die realistische Darstellung, besonders deutlich bei den galoppierenden und bockenden Pferden erkennbar. Realistisch ist die Darstellung trotzdem nicht, sondern idealisierend. Daß alle Tipis eine heilige Bemalung tragen, ist weder früher noch heute üblich gewesen. In Wirklichkeit werden neben Tipis auch Giebelzelte verwendet, und Pferde sind fast völlig von Autos verdrängt worden. (L.D.)

Von heutigen Navajo- und Delaware-Indianern

Ende vorigen Jahrhunderts galten die Indianer als im Aussterben begriffen. Davon hat sich glücklicherweise nichts bewahrheitet. Die Navajo, die zur Zeit ihrer tiefsten Demütigung und strengsten Internierung durch die US-Army 1863 bis 1867 etwa 8 500 Menschen zählten, sollten sogar eine beispiellose Bevölkerungsexplosion erleben. Um 1900 gab es 20 000, 1930 fast 40 000, 1960 etwa 80 000 und inzwischen sind es wohl mehr als 200 000 Navajo. Heute sind sie das bedeutendste indianische Volk Nordamerikas, nicht nur zahlenmäßig, sondern auch dank ihrem hochentwickelten Kunsthandwerk.

Mit Türkisen verzierten **Silberschmuck** und feingewebte Teppiche der Navajo kann man heute nicht nur in den USA, sondern auch in Westeuropa und Deutschland kaufen. Dabei ist charakteristisch, daß die Navajo den Silberschmuck überwiegend für den eigenen Gebrauch herstellen und er vielfach erst durch Verpfändung in den Handel kommt. Dagegen waren **Teppiche** schon seit

Teppich *von heutigen Navajos gefertigt. An den Seiten jeweils eine Yei-Figur. Eine Arbeit der Weberin Lena Spencer aus Chinle, Arizona. Der Teppich ist ein Geschenk der Tanzgruppe „Lamanite Generation“ von der Brigham Young University, Utah, an das Karl-May-Museum, 1988.*

Anfang des Jahrhunderts ausschließlich für den Verkauf gefertigt worden. Damals nahmen die Händler, um Kundenwünschen entgegenzukommen, Einfluß auf die Gestaltung der Teppiche. Die Folge war, daß die Weberinnen immer mehr von ihren Traditionen abwichen und es zu einem Allerweltsstil kam: Nachahmungen von Orient-Teppichen oder aber Bildmotive wie Eisenbahnzüge, Rinderherden, US-Fahnen usw.

Inzwischen ist längst wieder ein eigener, für die Navajo typischer Stil entwickelt worden. Dies geschah durch die Darstellung von Yei-Gottheiten im Stile der Sandgemälde. Derartige „Sandgemälde“ werden in Zusammenhang mit Krankenheilungszeremonien auf Sandboden mittels pulverisierter Mineralien, Holzkohle, Maismehl und Blütenstaub angefertigt und am Abend wieder zerstört. Auf Teppichen eingewebt, waren die heiligen Yei-Gottheiten nun unverwischbar fixiert, und das galt strenggläubigen Navajo als Frevel. Um das zu vermeiden, wurden absichtlich einige Fehler gemacht, damit die heiligen Yei unvollkommen waren und keine Wirkung haben konnten. So sind die Yei für Navajo-Teppiche recht typisch geworden.

Charakteristisch ist auch, daß die kräftigen Anilinfarben allmählich wieder verdrängt werden zugunsten natürlicher Pflanzenfarben. Das bedeutet nicht eine Wiederbelebung alter Techniken, sondern man hat experimentiert und etwa 250 Rezepte entwickelt. Das Ergebnis sind zarte, dezente Farben: Wacholderbeeren – gelb, Kaktusfeigen – rosa, Mistel – olivgrün, Bergmahagoni-Rinde - kupferbraun. Dadurch sind die Teppiche teuer geworden – gute Stücke kosten mehrere Tausend Dollars -, so daß die Navajo sie selbst nicht mehr benutzen.

Um ihre Identität jedenfalls brauchen die Navajo nicht zu fürchten. Dasselbe gilt für andere große Völker, wie Sioux, Ojibwa, Cree und Cherokee. Anders verhält es sich mit den vielen kleinen Stämmen, die nur wenige hundert Mitglieder zählen und vielleicht gar noch in mehrere Gruppen geteilt sind. Beispielsweise gibt es von den Delaware drei kleine Gruppen in Kanada, davon eine auf der Irokesen-Reservation am Grand River, ferner zwei Gruppen in Oklahoma, davon eine mitten unter den Cherokee, die zweite lebt zusammen mit Caddo und Wichita. Die Gruppen sind so klein, daß ein Delaware immer weniger Leute findet, die seine Stammessprache sprechen, und er den Ehepartner fast immer außerhalb suchen muß, bei einem anderen Stamm oder bei weißen Amerikanern. Unweigerlich geht die Stammessprache verloren, damit Erzählungen und Überlieferungen. Die Identität als „Delaware“ ist äußerst bedroht.

Als Ausweg schien sich der „Pan-Indianismus“ anzubieten, ein Lebensstil gemischt aus Elementen von verschiedenen Stämmen, obwohl hauptsächlich von Prärie-Stämmen. Die Ausbreitung des Peyote-Kultes und der Powwow-Tanzfeste förderten diesen Trend. Die bunte **Federhaube** im Stil der Prärie-Stämme ist Ausdruck des Pan-Indianismus.

Neuerdings scheint sich die Erkenntnis durchzusetzen, daß der Pan-Indianismus zwar allgemein die Identifizierung als „Indianer“ ermöglicht, damit aber ebenfalls beiträgt, die Stammesidentität weiter abzubauen. Die aus Holz geschnitzte **Gesichtsplastik** ist als ein bewußter Rückgriff auf eine längst erloschene Tradition der Delaware zu sehen. (L.D.)

Holzplastik *der Delaware in Kanada, nach 1970 angefertigt (Leihgabe Staatliches Museum für Völkerkunde Dresden, Nr. 59060).*

Diorama „Heimkehr von der Schlacht“

So haben wir uns das Indianerleben doch immer vorgestellt: Eine Horde Krieger kommt auf dampfenden Rossen herangedonnert, wild Tomahawks, Lanzen und erbeutete Skalps schwingend, dazu ein ohrenbetäubendes Geheul ausstoßend (das wir freilich bei einem Museumsdiorama nicht hören können). Würdevoll tritt ihnen der stolze Häuptling entgegen, angetan mit dem langwallenden Federschmuck als Zeichen seiner Würde. Ihm gegenüber hockt bescheiden seine Squaw, beschäftigt mit einer prächtigen Perlenstickerei. Eine Klischee-Vorstellung, gewiß. So ist das Leben der Indianer nicht gewesen.

Aus den bisherigen Erläuterungen ist sicherlich klar geworden, daß es *die* Indianer gar nicht gab und nicht gibt, sondern daß eine große Zahl von Stämmen und Völkerschaften unter unterschiedlichen geographischen Umweltbedingungen ganz verschiedene Lebensformen entwickelt hat und diese auch noch im Verlauf mehrerer Jahrhunderte drastischen Veränderungen unterworfen gewesen sind.

Kernstück der Klischee-Vorstellungen ist, daß die Prärie-Indianer, konkret die Sioux, für uns zu den Indianern schlechthin geworden sind. Bereits über 100 Jahre alt ist diese Vorstellung. Zuerst waren es die Zeichnungen von Catlin und Bodmer, dem Begleiter des Prinzen zu Wied, die immer und immer wieder Vorlagen zu Buchillustrationen liefern mußten. Dann kamen die Zirkus-Shows, voran die von Buffalo Bill. Als 1886 eine Gruppe Bella-Coola-Indianer von der Nordwestküste in zahlreichen deutschen Städten auftrat, war die allgemeine Auffassung des Publikums: „diese Indianer sind falsch“. So sehr waren die Prärie-Indianer damals bereits zum Prototyp geworden. Schließlich muß gesagt werden, daß das romantische Bild nicht einmal dem Leben der Prärie-Indianer, der Sioux, tatsächlich entsprach.

Genug der kritischen Anmerkungen. Die Bestandteile des **Dioramas**, die indianischen Gegenstände, sind wiederum ganz bemerkenswert. Das **Lederhemd** des Mannes mit den Skalplocken an den Schulternähten und der Bemalung mit Blau am Oberteil einschließlich der Ärmel sowie Gelb am Unterteil, die den Gegensatz Himmel - Felsboden oder Erde symbolisieren sollte, war Würdeabzeichen eines bestimmten Häuptlingsranges bei den Lakota-Gruppen. Als die historisch bekanntesten „Shirt wearers“ der Oglala galten die 1865 gleichzeitig ins Amt eingeführten Crazy Horse, Young Man Afraid, Sword und American Horse. Verschiedene Objekte der Kostümfigur, das erwähnte Hemd, die Hose, Mokkasins u.a., sollen aus dem Besitz des Oglala-Häuptlings **American Horse** stammen. Dabei handelt es sich aber vermutlich um den gleichnamigen Sohn bzw. Neffen des Obengenannten.

(Abbildungen: Umschlag, S. 95) (L.D.)

Zur Geschichte des Karl-May-Museums, seiner indianischen Sammlungsobjekte und deren Präsentation

von
Dr. Klaus Hoffmann

Seit dem 1. Dezember 1928 ist die Stadt Radebeul bei Dresden, wegen ihrer anmutigen Lage in der Elbtallandschaft als „Sächsisches Nizza" gepriesen, um eine Attraktion reicher. An jenem Tag öffnete das Karl-May-Museum seine Pforten und zeigt seitdem seine inzwischen weltbekannte Ausstellung über die Indianer Nordamerikas.

Auf den ersten Blick scheint sich ein solches Museum so gar nicht in die Traditionslinie der Weinbau- und Gartenstadt Radebeul oder überhaupt in die sächsische Kulturlandschaft einfügen zu wollen. Die Gründe für die Standortwahl des exotischen Museums sind einzig und allein bei dem Schriftsteller Karl May (1842-1912) zu suchen. Seine im Wilden Westen Nordamerikas und im Orient des 19. Jahrhunderts spielenden Abenteuererzählungen erfreuen sich seit Generationen ungebrochener Beliebtheit. Als Schöpfer der unvergänglichen Romangestalten Winnetou und Old Shatterhand, Kara Ben Nemsi und Hadschi Halef Omar hat dieser sächsische Erzähler, der in Radebeul lebte, Weltruhm erlangt.

Literarischer Erfolg und Ruhm sind im allgemeinen nicht ausreichend, um ein ethnographisches Museum von internationaler Reputation zu begründen. Außer persönlicher Liebhaberei gehören dazu zielgerichtete Sammeltätigkeit, Sachverstand, entbehrungsreiche Studienreisen sowie ein ausgeprägter Sinn für die museale Nutzung des Gesammelten. Von all diesen Erfordernissen brachte Karl May zweifellos so manches ein, wie seine Biographie erhellt. Geht es jedoch um eine gerechte Würdigung von Verdiensten, dann ist der indianische Sammlungsbestand des Karl-May-Museums drei Personen zu danken: dem Schriftsteller Karl May, seiner zweiten Ehefrau Klara May (1864-1944) und Patty Frank (1876-1959), einem weitgereisten Artisten und Sammler von Ethnographica.

Bei der Aufdeckung und Bewertung solcher historischen Zusammenhänge wird auch eines klar: Die Geschichte des Karl-May-Museums, speziell seiner indianischen Sammlungsgegenstände, beginnt nicht mit jenem 1. Dezember 1928, sondern setzt wesentlich früher ein.

***Old Shatterhand alias Karl May**: Calumet und indianischer Halsschmuck aus Raubtierzähnen, 1896.*

Bereits zu Lebzeiten Karl Mays ein Museum

Auf dem Höhepunkt seines Publikumserfolges - in den Jahren 1894 bis 1898 - behauptete May, Selbsterlebtes zu erzählen, und identifizierte sich vorübergehend mit den Helden seiner Reiseerzählungen: „Old Shatterhand - das bin ich!" Äußeres Kennzeichen dieser Eitelkeit waren Fotographien, die zahlreiche Verehrer bekamen und die May im Kostüm seiner Romanhelden zeigten, die Silberbüchse Winnetous oder den Henrystutzen Old Shatterhands im Anschlag. Sein Wohnhaus in Radebeul, das er 1895 bezog und Villa „Shatterhand" nannte, stattete der Schriftsteller mit exotischen „Reiseandenken", Waffen und Jagdtrophäen aus: ein buntes, ungeordnetes Sammelsurium. Einiges davon besaß damals schon musealen Wert. Objekte aus dem Kultur- und Lebenskreis der nordamerikanischen Indianer befanden sich nur wenige darunter, wie zeitgenössische Abbildungen beweisen. Dazu zählen möglicherweise eine Halskette aus Zähnen und Krallen des Grizzly, ein Lasso, ein Calumet, ein Medizinbeutel und andere Utensilien Old Shatterhands, wie sein Jagdrock aus Elchleder. Über die Vorderfront seines Schreibtisches hatte Karl May eine „indianische Decke" gebreitet, wie Besucher der Jahre 1896/97 registrierten. Sie war mit dunkelroten Mustern und seltsamen Zeichen versehen /1/, dürfte aber aus Polynesien (Samoa) stammen.

Fotos aus dem Jahre 1896 zeigen Karl May im elchledernen Trapperanzug Old Shatterhands, um den Hals jene Kette aus Krallen und Zähnen des gefürchtetsten Raubtieres der Rocky Mountains, des Grizzlybären. So beschrieb es Karl May selbst. Die Jagdtrophäe befindet sich im Fundus des Museums (B 25: 93) und soll indianischen Ursprungs sein. Allerdings rühren die attraktiven großen Reißzähne nicht von dem Grauen Bären, sondern in Wirklichkeit von einem Alligator her ...

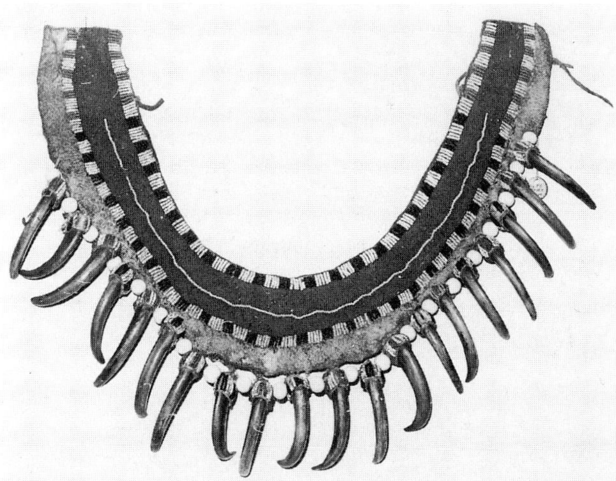

***Eine echte Bärenkrallenkette** der Blackfoot – mit 20 Klauen des Grizzly-Bären (D21: 425)*

Einige Besucher der Villa „Shatterhand" haben ihre Eindrücke in zeitgenössischen Presseberichten verewigt. „Schon das Vestibül bildete ein kleines Museum von Sehenswürdigkeiten aus aller Herren Länder", wußte der Reiseschriftsteller Franz Sättler zu erzählen, der Karl May im Juli 1906 aufsuchte. „Ich sah hier kostbare Waffen, ein orientalisches Reitgeschirr, einen mexikanischen Lasso, Vorhänge mit gold- und silbergewirkten Inschriften, einen mohammedanischen Rosenkranz mit sämtlichen Beinamen Allahs ..."

Im gegenüberliegenden Obstgarten hatte Klara May ein Gartenhaus in ein „Orientzelt" verwandelt. Aber auch hier entdeckte Sättler – im Jahre 1906 – lediglich kunsthandwerkliche und museale Gegenstände aus dem Vorderen Orient, Souvenirs einer Weltreise Karl Mays der Jahre 1899/1900. Und doch ist dieses von Klara May gehegte Orientzelt die Keimzelle des späteren Karl-May-Museums gewesen, wie noch erläutert werden soll

Eine 1908 unternommene Nordamerikareise, die erste und einzige in seinem Leben, nahm May zum Anlaß, sich dem Sammeln indianischer Kultur- und Gebrauchsgegenstände bewußt zuzuwenden. In seiner Frau Klara fand er eine eifrige Fürsprecherin. Am 16. September 1908 in New York angekommen, reiste das Ehepaar zunächst nach Albany, Pittsfield, Buffalo und zu den Niagara-Fällen. Dort machten beide in dem auf der kanadischen Seite befindlichen Clifton-Hotel Station. Von dort aus unternahmen Karl und Klara May in der Zeit vom 29. September bis 4. Oktober 1908 Ausflüge in die nähere Umgebung, darunter zur Reservation der Tuscarora-Indianer. Über Lawrence, Boston kehrten sie im November nach New York zurück, um die Heimreise anzutreten.

Klara Mays Reisenotizen ist zu entnehmen, daß sie von den Tuscaroras „viele schöne Sachen" erwerben konnte, die später in der ethnographischen Sammlung des Karl-May-Museums ihren Platz finden sollten. Gewohnt, seinen schriftstellerischen Arbeiten auch auf Reisen nachzugehen, zog sich Karl May gern zurück und überließ seine Frau ihren Neigungen. „Meine Zeit füllte ich aus mit Suchen und Erhandeln wundervoller alter Indianersachen", erinnerte sich Klara. „Noch heute weiß ich, daß ich vierzehn Mal die Brücke überschritten habe, die Kanada mit Amerika verbindet. Das Clifton House liegt in Kanada. Meine Einkäufe aber tätigte ich in Amerika. Es wurden so die Grundpfeiler zum Karl-May-Museum gelegt" /2/.

Indianische Exponate ausgestellt

Gleich nach der Heimkehr (Anfang Dezember 1908) sorgte Klara May für eine geeignete Unterbringung und Präsentation der neuerworbenen indianischen Gegenstände. Sie waren so reichhaltig, daß selbst im „Orientzelt", das seinem Namen nun kaum noch gerecht wurde, einige Exponate ein Obdach fanden.

„In einem besonderen Nebenhause hat May ein wahres völkerkundliches Museum aufgestellt", berichtete ein Augenzeuge, Franz Franke, der seinen Lieblingsautor noch im Dezember 1908 aufsuchte. „Da ist ein schwerer, aus Elentierhaut gefertigter amerikanischer Trapperanzug neben dem Burnus (Mantel) eines Beduinen. Prachtvolle Adlerfedern, Kopfschmuck von Indianerhäuptlingen, sehen wir. Die türkische Wasserpfeife liegt neben der aus brauner Tonerde gefertigten Friedenspfeife des Indianers

Wunderschöne alte Indianersachen gekauft: ***Karl May in der Reservation der Tuscarora-Indianer****, 1908.*

... Daneben sind indianische Kriegsbeile (Tomahawks) und indianische Schuhe (Mokkasins) ..." /3/. Aus dem unmittelbaren Besitz Karl Mays stammen wenigstens 56 der insgesamt rund 1800 nachweisbaren indianischen Objekte des Museums: Kleidungsstücke, Mokkasins, Perlstickereien, Calumets aus Catlinit, Tomahawks, Federhauben, Halsschmuck. Darunter sind ausgesprochen wertvolle alte Stücke.

Auf einer Fotographie aus dem Jahre 1909 ist Klara May in ihrem Orientzelt zu sehen. Auf dem Bild findet sich auch das Skalphemd (D22: 301) wieder, das jetzt den Siouxhäuptling in der Indianerausstellung des Karl-May-Museums ziert. Der Völkerkundler Hermann Dengler, der die für das Karl-May-Museum bestimmten Objekte katalogisiert hat, vermerkte dazu auf der von ihm angelegten Karteikarte: „sehr gutes Stück".

Ein namhafter Reporter, Egon Erwin Kisch (1885-1948), der Karl May am 9. Mai 1910 in Radebeul interviewte und auch dessen Sammlung zu sehen bekam, schrieb: „Im Garten steht ein alter Holzschuppen, der mit Hilfe orientalischer und amerikanischer Gegenstände in ein Raritätenkabinett verwandelt worden ist. Allerhand schöne Sachen sind echt" /4/.

Im Sommer 1910 bestätigte ein anderer Besucher, Franz Fethke, daß es „ein sehenswertes ethnographisches Museum im kleinen" wäre. In dem Zelte befanden sich zahlreiche orientalische und indianische Waffen ..., von Beduinen und Indianerfrauen angefertigte Decken, Gewänder usw." /5/

Leider haben es Klara und Karl May später an der notwendigen Fürsorge für diese ethnographische Sammlung fehlen lassen. Äußere Zwänge, wie die erbarmungslosen Presse- und Gerichtsauseinandersetzungen, in die May verstrickt wurde, mögen für dieses erlahmende Interesse als Entschuldigung gelten.

Der Schriftsteller verstarb am 30. März 1912. Bis ins Gründungsjahr der Karl-May-Stiftung, 1913, geht der Gedanke zurück, ihm zu Ehren ein Museum zu errichten. Das ist aus der Korrespondenz Klara Mays und des Leiters des ebenfalls 1913 gegründeten Karl-May-Verlages Radebeul, Dr. Euchar A. Schmid (1884–1951), mit Ministerialdirektor Dr. Erich Wulffen (1862–1936) zu entnehmen. Zu diesem Zweck sollten Räumlichkeiten der Villa „Shatterhand" museal ausgestaltet werden.

Einige Jahre später gewann dieser Plan an Profil. Denn 1920 äußerte Schmid die Absicht, „die Villa Shatterhand und Karl Mays Sammlungen sowie seine wertvolle Bücherei der Öffentlichkeit als eine Art Karl-May-Museum zu erhalten und zugänglich zu machen"/6/. Erwogen wurde sogar, die Villa Mays auf der Kirchstraße 5 der Stadt Radebeul zu schenken, und zwar mit der Auflage, ein Karl-May-Museum zu unterhalten. Aber der Gemeinderat lehnte dies auf seiner Sitzung vom 13. September 1922 ab /7/.

Ein glücklicher Umstand sollte die ins Stocken geratenen Pläne befördern. Überraschend bot der weitgereiste Wiener Artist Ernst Tobis – bekanntgeworden unter seinem Künstlernamen Patty Frank – seine umfangreiche Sammlung zur Kultur und Lebensweise der nordamerikanischen Indianer zum Kauf an. Wer war dieser Patty Frank, dessen Name heute fast zur Legende geworden ist? Und woher rührte seine sprichwörtlich gewordene Indianerleidenschaft?

Völkerschauen, Buffalo Bill und Patty Frank

Um im 19. Jahrhundert die Ureinwohner Nordamerikas und ihre Lebensumstände kennenzulernen, mußten sich die Europäer nicht unbedingt selbst einer gefahrvollen

Reise durch den Wilden Westen unterziehen. Es gab genügend ethnographisch-geographische Fachliteratur, die man zu Rate ziehen konnte, wie es beispielsweise Karl May bei seinen Quellenstudien tat. Weltberühmte Autoren, wie James Fenimore Cooper, Friedrich Gerstäcker, Thomas Mayne-Reid, Gabriel Ferry, Charles Sealsfield, Balduin Möllhausen und schließlich Karl May, sorgten darüber hinaus jährlich für neue Ausgaben der beliebten volkstümlichen Indianerliteratur.

Geschäftstüchtige Zirkusunternehmen taten ein weiteres. Sie brachten exotische Völkerschaften nach Europa, nach Deutschland, nach Sachsen und stellten sie dort zur Schau: wilde Naturvölker, gleichsam „zum Anfassen“ für jene, die von einer Reise in ferne Länder und zu fremden Menschen träumten, sich aber solche Träume nicht erfüllen konnten. Diese unternehmerische Idee geht auf den Hamburger Tierhändler und späteren Zirkusdirektor Carl Hagenbeck (1844–1913) zurück. Mit einer Lappländerfamilie, die er nach Deutschland brachte und in vielen Städten dem staunenden Publikum präsentierte, hob er im Jahre 1874 seine erste Völkerschau aus der Taufe. Andere griffen diesen Gedanken ebenfalls auf.

Erst neuerdings ist der Nachweis gelungen, daß es bereits 1879 im Zoologischen Garten von Dresden die ersten „echten“ Rothäute zu bewundern gab /8/: 7 Krieger und 1 Squaw vom Stamme der Irokesen aus Kanada. Das war zu einer Zeit, da Karl May seine ersten Indianererzählungen niederzuschreiben begann und die Auftritte eines Buffalo Bill in der sächsischen Residenz noch über ein Jahrzehnt auf sich warten ließen. Damals erlebten Tausende Dresdner die Vorstellungen der Irokesen. „Die Anwesenheit der Indianer hat auf die Phantasie unserer Schuljugend mächtig eingewirkt“, bemerkten dazu die Dresdner Nachrichten vom 19. Juli 1879. „Bogen und Pfeil sind beliebte Waffen und Spielzeug geworden. Knaben und Mädchen tragen mit Vorliebe jetzt Federkronen als Kopfschmuck.“

Fast ohne Unterbrechung gastierten im Dresdner Zoologischen Garten alljährlich die verschiedensten Völkerschaften. Unter das Publikum mischte sich oft auch Karl May, der sich als Abenteuerschriftsteller einen Namen zu erwerben begann, und nachweislich von diesen Völkerschauen in Dresden berichtet hat.

Einige Jahre später, 1886, fielen die Sioux-Indianer ins Land ein. Engagiert hatte sie der Landschaftsmaler Rudolf Cronau (1855–1940), der als Berichterstatter den Wilden Westen durchquerte. Parallel zu Vorführungen, die auf der Völkerwiese im Dresdner Zoo vom 29. Juli bis 16. August 1886 stattfanden, stellte Cronau in einer ethnographischen Ausstellung Landschaft und Leben der nordamerikanischen Indianer in Exponaten und Originalzeichnungen vor /8/.

Bevor Cronaus Sioux-Indianer Dresden eroberten, waren sie in der Rotunde des Wiener Praters aufgetreten. Dort faszinierte ihr Treiben auch einen 10jährigen Burschen namens Ernst Tobis, der zum ersten, doch längst nicht zum letzten Mal in seinem Leben wirkliche Indianer vor sich sah: Ein bleibendes Erlebnis für einen heranwachsenden Knaben, der bisher nur heimlich Coopers „Wildtöter“, Ferrys „Waldläufer“ und Mays in der Zeitschrift „Deutscher Hausschatz“ abgedruckte Abenteuererzählungen verschlungen hatte, wie er in seinen Erinnerungen „Ein Leben im Banne Karl Mays“ /9/ berichtete. Im darauffolgenden Jahr, 1887, neigte sich die Lesebegeisterung des Ernst Tobis endgültig Karl May zu. Ausschlaggebend war dafür dessen soeben in der Knabenzeitschrift „Der Gute Kamerad“ erstveröffentlichte Indianererzählung „Der Sohn des Bärenjägers“.

Familie Tobis zog von Wien nach Frankfurt/Main. Und dort hat Ernst sein zweites entscheidendes Erlebnis. Es war die Zeit, da der legendäre Buffalo Bill mit seiner Wildwest-Show auf donnernden Hufen und mit Kriegsgeheul quer durch Europa ritt: 200 Indianer auf wilden Mustangs, die noch Pulverdampf gerochen hatten, Cowboys, Hinterwäldler, Lassowerfer, Kunstschützen und eine Herde Büffel. Dresden erlebte die Show vom 1. bis 15. Juni 1890. Auch in Frankfurt/Main gab Oberst William Frederick Cody (1846–1917), der sich „Buffalo Bill“ nannte, im Sommer 1890 ein Gastspiel. Ernst Tobis, der sich das Schauspiel mehrmals ansah, lief von zu Hause weg, als Buffalo Bill Frankfurt verließ, und verdingte sich bei ihm für sechs Monate als Pferdejunge.

Seitdem sollten für Tobis das Zirkusmilieu und die Artistenlaufbahn zum Lebensinhalt werden. „Eisenarm“ nannte man ihn wegen seiner beachtlichen Körperkräfte. „Isto Maza“, was das gleiche bedeutet, hieß er bei den Indianern, die Buffalo Bill begleiteten. Als diese 1891 nach den USA heimkehren mußten, schenkten sie dem zurückbleibenden Ernst ein Paar Mokkasins: Nr. 1 seiner Sammlung nordamerikanischer Indianergegenstände.

Unter seinem Artistennamen „Patty Frank“ erwarb sich Tobis später als Akrobat einen guten Ruf und wurde zusammen mit der Montrose-Gruppe von bekannten Zirkus- und Varietéunternehmen engagiert. 1897 stellte er sein eigenes Akrobatenteam zusammen. Auch Buffalo Bill verpflichtete Patty Frank wieder. Codys letzte Tournee führte 1903 bis 1907 erneut durch Europa. Vom 17. bis 20. August 1906 war wiederum Dresden der triumphale Schauplatz. Diesmal hatte Oberst Cody 100 Indianer zu Pferd aus den Staaten mitgebracht, um die „Schlacht am Little Bighorn oder Custers letzter Widerstand“ in einem Freilichtspektakel zu inszenieren.

„Ich bereiste die ganze Welt, zehnmal ging's über den Äquator“, erinnerte sich der Globetrotter Patty Frank. „Mit den größten Schaustellungen zog ich durch die fünf Erdteile: Buffalo Bill, Barnum & Bailey, Hagenbeck ...“ /10/. Getrieben von Abenteuerlust, folgte er keineswegs immer zivilisierten Pfaden: „(Ich habe) mit Indianern Hun-

Mokkasins, *vom zweiteiligen Prärie-Typ, d.h. mit angenähter Hartledersohle. Im Vordergrund ein Exemplar von den Sioux, völlig mit Stachelschweinsborsten bedeckt; entlang der Sohlennaht zieht sich ein Streifen mit Glasperlenverziehrung (D21: 429). Das zweite Exemplar besitzt ebenso wie das Paar rechts (E4: 730) eine perlenbestickte Sohle. Links Stiefel für kleine Mädchen im Stil der Apache, Comanche und Kiowa (D15: 484).*

(Text: S. 80/81)

defleisch gegessen, mit Australnegern zusammengelebt, mit Chinesen Opium geraucht, Schießereien mit Cowboys gehabt, mit Singhalesen Betel gekaut, (mich) von Japanern tätowieren lassen und mit den Zulus gemeinsam gejagt ..." /11/

Befragt nach den Gründen für seine Abenteuerlust und Sammelleidenschaft, benannte Patty Frank, der sich selbst gern als „Indianernarr" bezeichnete, stets nur einen Namen: „Karl May ... prägte in mir durch seine Werke, die ich von Jugend an gelesen habe, die Liebe zur roten Rasse ein" /12/. Mit seinen Erzählungen wollte Karl May dem nach seiner Auffassung untergehenden Volk der Indianer ein literarisches Denkmal setzen. Patty Frank verfolgte mit seinem Sammeleifer ganz ähnliche Ziele: Er wollte die Erinnerung an den roten Mann und seine Kultur im Bewußtsein der Menschen wachhalten.

Patty Franks Sammlung: der erste Skalp

Zu den ersten Sammelstücken, den 1891 erworbenen Mokkasins, gesellten sich im Lauf der Jahre attraktive und historisch bedeutsame Objekte. Zweifellos ist dazu eine prachtvoll verzierte Säbelscheide aus Bisonleder zu rechnen, gefertigt von Crows. Nachweislich sind davon nur wenige Exemplare erhalten geblieben. Zwei besaß der US-amerikanische Genre-Maler Charles Schreyvogel (1861–1912), der zahlreiche Bildwerke über das Leben im amerikanischen Westen geschaffen hat. Eine dieser Säbelscheiden Schreyvogels erhielt Patty Frank durch Tausch /13/.

(Fortsetzung S. 96)

US-General ***Custers letzter Kampf***:
Indianerschlacht am Little Bighorn (Gemälde von Elk Eber, 1936)

(Text: S. 83–85 und 110)

American Horse, *Häuptling der Oglala, empfängt die heimkehrenden Krieger seines Stammes (Ausschnitt aus dem Diorama).*

(Text: S. 88 und 110)

Rückseite einer ***Lederweste,*** *mit Borstenverzierung: Sternenbanner als Symbol (alte Nr.: 949).*

(Text: S. 82)

Modernes Gemälde. *„Wir sterben nicht allein", gemalt von dem indianischen Künstler Biggoose, Ponca; 1988 dem Karl-May-Museum geschenkt.* *(Text: S. 110)*

(Fortsetzung von S. 93)

Aus dem Tipi des berühmten Oglala-Häuptlings und indianischen Redners American Horse (Tashunka washitshun; gestorben 1875) stammen Federstutz, Skalphemd, Hose und Mokkasins sowie die Friedenspfeife. Kleidungsstücke eines anderen berühmten Sioux-Häuptlings, Red Cloud (1822–1909), den Patty Frank noch persönlich kennengelernt hat, konnte dieser ebenfalls in seinen Besitz bringen.

Ein von Patty Frank erworbener perlbestickter Wampumgürtel läßt sich sammlungsgeschichtlich bis zum Jahre 1901 zurückverfolgen. Zu dieser Zeit befand er sich im Besitz einer alten Ottawa-Indianerin im Staate Michigan, die alle Wampums ihres Stammes hütete.

Längere Jahre mußte sich Frank freilich gedulden, bis er endlich 1904 eines der begehrtesten Sammelstücke erbeuten konnte - einen Skalp! Bereits 1890, als Pferdejunge die Buffalo-Bill-Show miterlebend, hatte der 15jährige Ernst Tobis stets klopfenden Herzens der Schlußnummer entgegengefiebert: William Cody präsentierte, auf hohem Roß die Arena entlang reitend, den federgeschmückten Skalp des Cheyenne-Häuptlings Yellow Hand, den er einst im Zweikampf besiegt hatte ... Tobis: „Ich nahm mir vor, einen Skalp zu erwerben". Diesen Vorsatz wollte er - koste es, was es wolle - realisieren, dünkte ihm doch ein solcher Skalp „für eine Indianersammlung dasselbe wie eine Mauritius für den Briefmarkensammler" /14/.

Beim amerikanischen Zirkus Barnum & Bailey verpflichtet, kam Patty Frank bei einer Tournee durch die USA im Sommer 1904 in die Nähe der Indianerreservate. Seine Freizeit nutzte er für einen nächtlichen Ritt zu einer Indianersiedlung. Von Nachkommen des Dakota-Häuptlings Swift Hawk hoffte er, einen Skalp zu bekommen, den dieser einst im Zweikampf mit einem Ojibwa errungen hatte. Nach zähem Verhandeln brachte Patty Frank für zwei Flaschen Whisky, eine Flasche Apricot Brandy und 100 Dollar die heißersehnte Trophäe in seinen Besitz: den auf einen Rahmen gespannten Skalp, dessen Haar mit Federn und einer perlbestickten Eidechsenfigur geschmückt ist, dazu das Skalpiermesser mit fünf Kerben im Griff (entsprechend der von Swift Hawk erkämpften Anzahl von Kopfhäuten seiner Feinde).

Der erste Skalp! Insgesamt sollte die Sammlung Patty Frank einmal 14 Skalpe umfassen, darunter 5 von weißen Siedlern bzw. Soldaten. Zu dieser Kollektion gehört auch die mit langem Haarschopf bewachsene Kopfhaut eines im Kampf getöteten Arapaho-Häuptlings, verziert mit Perlenanhängseln und einer riesigen Grizzlykralle.

Indianerkrieg auf einem Bisonfell

Eine lange Geschichte rankt sich um die „Erbeutung" einer mit Indianernzeichnungen versehenen Bisonhaut. Nach Patty Franks Darstellung dauerte es 14 Jahre, bis der Erwerb dieser Rarität glückte und diese den Beständen des Karl-May-Museums einverleibt werden konnte.

„My Life in the Plains", unter diesem Titel veröffentlichte der US-General George Armstrong Custer (1839-1876) im Jahre 1874 Aufzeichnungen über seine Indianerfeldzüge. In Bern erschien 1916 eine deutsche Übersetzung: „Erinnerungen aus dem Wilden Westen". Custers 7. Kavallerie-Regiment wurde am 26. Juni 1876 in einer kriegerischen Auseinandersetzung mit Indianern am Little Bighorn River in Montana vollständig aufgerieben. Auf Seiten Custers überlebte niemand. Die Witwe, Elisabeth B. Custer, setzte die Biographie ihres Mannes mit dem Buch „In Boots and Saddles or Life in Dakota with General Custer" fort. Auch hiervon erschien eine deutsche Ausgabe, die Premierleutnant Erich Kling übersetzt hatte und die er unter dem Titel „Dicht am Feinde", Berlin 1887, herausgab.

***Skalpmesser** und ein erbeuteter **Skalp** des Dakotahäuptlings Swift Hawk (Sammlung Patty Frank, D19: 368 und 41-275).*

Kling hatte sich längere Zeit in den Staaten aufgehalten und eine bemalte Bisondecke mit den Abmessungen 2,4 m x 1,9 m zum Geschenk erhalten. Darauf sind farbige Figuren gezeichnet, die Vernichtung General Custers durch die Sioux am Little Bighorn darstellend:

Indianer zu Pferde reiten die zu Fuß weiterkämpfenden Soldaten nieder, treiben ihre Pferde weg. Ein gefallener Kavallerist wird skalpiert, und ein Indianerhäuptling mit einer Hörnerhaube schwenkt einen erbeuteten Karabiner samt Patronengurt. Einige Soldaten verteidigen sich noch aus der Deckung heraus. Auf der Zeichnung sind nur ihre Köpfe und das Mündungsfeuer ihrer Gewehre zu sehen ....

Die Darstellung ist unvollendet geblieben. Kling fertigte davon eine freie Zeichnung an und fügte diese dem Buch „Dicht am Feinde“ als Illustration bei. Und in dieser Publikation aus dem Jahre 1887 entdeckte Patty Frank die Abbildung. Sein Jagdfieber erwachte. Professor Koch-Grünberg, Direktor des Völkerkundemuseums Stuttgart, unterstützte Frank bei seinen Nachforschungen: Kling war längst gestorben, auf einer Afrikaexpedition. Die bemalte Bisonhaut hatte er einem Oberstleutnant E.Winter vermacht. Dessen Witwe verwahrte diese noch, als Patty Frank sie 1921 in Ulm ausfindig machte. Erst am 15. September 1927 entschloß sich die Besitzerin zur Abgabe des wertvollen Souvenirs. Aber nicht Patty Frank, sondern Klara May tätigte den Kauf für 500 Reichsmark /15/.

Wissenschaftliche Katalogisierung

Sein Leitbild, den Schriftsteller Karl May, hat Patty Frank persönlich nicht kennengelernt, dürfte jedoch gleich nach dessen Tod Kontakte zu Klara May geknüpft haben. Das läßt sich aus Grußkarten Patty Franks ableiten, die er von seinen Tourneereisen nach Radebeul sandte, wie im März 1913 aus Australien. Bei einem seiner ersten Besuche in der Villa „Shatterhand“ erfaßte Patty Frank mit Kennerblick die von Karl und Klara May gesammelten indianischen Gebrauchs- und Kulturgegenstände. Auf seine eigene Sammlung angesprochen, erklärte er, daß diese nach seinem Tode nach Radebeul kommen werde: „Ich vermache sie der Karl-May-Stiftung, denn Karl May hat mir die Anregung dazu gegeben“ /16/.

Der Erste Weltkrieg brach aus. Inflationsjahre überschatteten Deutschland und stürzten die Bevölkerung in Not, bewirkten auch einen Sinneswandel bei Patty Frank, dessen Artistenlaufbahn sich dem Ende zuneigte. Gegenüber Klara May verhehlte er nicht seine Sorgen, daß er gezwungen sei, seine Privatsammlung zu veräußern. Museen hätten sich bereits dafür interessiert, darunter eines in der Schweiz.

Sollte Patty Franks Indianersammlung, die er selbst mit 30 000 Goldmark bewertete, nicht außer Landes gehen, mußte gehandelt werden. Deshalb erklärte sich Klara May im Frühjahr 1925 prinzipiell mit Patty Franks Bedingungen einverstanden: Als Gegenleistung für die Übergabe seiner Sammlung erbat sich dieser kostenfreies Wohnrecht in Radebeul, Zahlung einer Lebensrente und die geeignete Unterbringung seiner Sammlungsobjekte, am besten in der Villa „Shatterhand“. Mit ihrem Gegenvorschlag, ein stilechtes Blockhaus auf hauseigenem Grundstück einrichten zu wollen stieß Klara May sofort auf Franks Beifall.

Bei der Umsetzung all dieser Pläne sollte sich Euchar A. Schmid, der Leiter des Karl-May-Verlages, als ideenreicher, tatkräftiger Förderer erweisen. Patty Franks Sympathie hatte Schmid gewonnen, als er ihn ermunterte, für das Karl-May-Jahrbuch 1926 einen Aufsatz über ein Indianer-Thema zu verfassen. Als Kenner nahm Patty die 50jährige Wiederkehr der Niederlage Custers zum Anlaß und lieferte – Juni 1925 – einen mit historischen Abbildungen belegten Beitrag über „Die Schlacht am Little Bighorn“ /17/. Von Patty Frank darum gebeten, zeichnete der Ethnologe Dengler als Beigabe einen Plan.

Da Hermann Dengler (1890–1945) beträchtliche Verdienste beim Aufbau des Karl-May-Museums erworben hat, sei an dieser Stelle etwas zu seiner Person und seinem Werdegang gesagt. Wegweisend ist eine autobiographische Skizze, die Dengler 1933 unter dem Titel „Wie ich Indianer wurde“ veröffentlicht hat /18/. Ausgehend von den Karl-May-Leseerlebnissen seiner Jugend, kam er auf sein Vorbild Theodor Koch-Grünberg (1872–1924) zu sprechen, seit 1915 Wissenschaftlicher Leiter, später Direktor des Stuttgarter Museums für Völkerkunde (Linden-Museum).

„In Stuttgart hatte ich Professor Dr. Koch-Grünberg, den großen deutschen Südamerikaforscher, kennengelernt“, schrieb Dengler in seinen Erinnerungen. „Er war ein begeisterter Indianerfreund ... Mit Koch-Grünberg arbeitete ich viel in der Amerika-Sammlung des Lindenmuseums, und durch ihn lernte ich Patty Frank kennen. Er erzählte von seinen Reisen, seiner Sammeltätigkeit. Sooft ihn sein Weg nach Stuttgart führte, waren wir Abend für Abend beisammen. Was für fröhliche Stunden haben Koch-Grünberg und ich mit Patty Frank erlebt!

Im Lauf der Zeit fing ich an, seine erstaunlich reichhaltige Sammlung nordamerikanischer Indianersachen wissenschaftlich zu katalogisieren. Eine schwierige und langwierige Arbeit, aber eine Freude für mich. Er pflegte mir die Sachen in größeren Posten zuzusenden, und ich bearbeitete Stück um Stück ... Daß sich auch Koch-Grünberg für die kostbaren Sachen Patty Franks begeisterte, brauche ich kaum zu sagen. Er nahm lebhaften Anteil an meiner Arbeit, und manch wertvollen Hinweis verdanke ich ihm“ /18/.

Ausstellung „Indianer Nordamerikas" anno 1928: ***Hermann Dengler*** *(im Bild) ordnete und katalogisierte die Bestände und erarbeitete die wissenschaftliche Ausstellungskonzeption.*

Die Katalogkarten Denglers bilden heute noch die Grundlage für jedwede wissenschaftliche Bearbeitung der indianischen Sammlungsbestände des Karl-May-Museums. Sie bestechen durch akkurate zeichnerische Erfassung und gründliche fachwissenschaftliche Beschreibung einzelner Objekte und ihrer Details. Denglers Talent als Zeichner und Maler konnte sich dabei voll entfalten. Beispielhaft war sein Arbeitsfleiß. Wenn sich Dengler wegen der zeitraubenden Katalogisierung mehr und mehr aus dem Kreis der Kollegen zurückzog, spöttelten diese: „... hat sicher wieder eine Sendung von Patty bekommen und kniet nun anbetend davor" /18/.

In seiner Publikation „Indianer. Die Indianerstämme des Ostens und der Prärien Nordamerikas nach Darstellungen aus der Zeit 1590 bis 1850", Stuttgart 1923, dankt Dengler Patty Frank, weil dieser ihm aus seiner Sammlung Illustrationen zur Verfügung gestellt habe.

Ein knappes Jahr mußte Dengler seine Katalogisierarbeiten für Patty Frank unterbrechen. Koch-Grünberg hatte ihn zu einer Südamerikaexpedition eingeladen. Am 6. Juni 1924 erfolgte die Abreise. Tragischerweise fand Koch-Grünberg bei dieser Forschungsreise den Tod. Er starb am 8. Oktober 1924 an Malaria. Erschüttert und selbst vom Fieber gezeichnet, wollte Dengler nach Europa zurück, schloß sich dann aber einer schwedischen Amazonas-Expedition an. Mehrere Monate lebte er unter südamerikanischen Indianern, wurde von ihnen als Stammesmitglied akzeptiert, bis er 1925 zurückkehrte. Seine wissenschaftliche Ausbeute und Zeichnungen sind in acht Südamerika-Tagebüchern niedergelegt.

Wieder in Deutschland, erwartete Dengler eine zusätzliche Aufgabe: Er sollte nicht nur Patty Franks Sammlung, sondern auch alle von Karl und Klara May zusammengetragenen indianischen Stücke erfassen, einordnen, deklarieren, gleichsam also den Gesamtbestand des zukünftigen Karl-May-Museums wissenschaftlich bearbeiten und dazu einen Museumsführer verfassen: Arbeit für mehrere Jahre.

Klara May hielt dies deshalb für vordringlich, weil sie den ursprünglichen Bestand von etwa 60 indianischen Objekten aus der Zeit Karl Mays inzwischen durch Neuerwerbungen beträchtlich hatte aufstocken können. In den Jahren 1925 bis 1930, d.h. vor ihrer zweiten USA-Reise, erwarb Klara May durch Ankauf weitere 310 Indianerobjekte, und zwar durch Übernahme aus privaten Sammlungen bzw. von Händlern. Wie aus Unterlagen hervorgeht, betraf es folgende Sammlungen: Knobelsdorff, Singer, Ullmann in Radebeul, Speyer in Berlin (u.a. das Jagdhemd des Oglala-Dakota Chief Red Leaf, Miniatur-Totempfähle, Skalpe), Winter in Ulm, Amann in München, Staley in Passau, J. F. G. Umlauff in Hamburg, K. F. Heyne, Lomer in Leipzig, Lenders in den USA.

„In der Sammlung des Karl-May-Museums gehe ich auf“, beschrieb Hermann Dengler voller Enthusiasmus seine Aufgabe. „Ich lebe zwischen den Kulturgütern meiner roten Freunde, wirke für sie, wirke für die gesamte rote Rasse auf dem Grundstück des Mannes, der wohl das meiste dazu beigetragen hat, Sinn und menschliches Verständnis für fremde Völker und besonders die Indianer in mir zu wecken“ /18/.

Ein Wild-West-Blockhaus entsteht

Während der wissenschaftliche Vorlauf für das zukünftige Indianer-Museum in Radebeul beizeiten erarbeitet wurde, ließ die praktische Umsetzung auf sich warten. Das betraf sowohl das Blockhaus als auch den gesonderten Ausstellungsraum. Über beide Standorte gab es lange Zeit auseinanderlaufende Meinungen. Frau May favorisierte - Juni/Juli 1925 - den über der Straße liegenden ehemaligen Obstgarten. „Was das Blockhaus anbelangt“, äußerte sich Patty Frank im August 1925, „so komme auch ich langsam zu der Überzeugung, daß man wohl das Blockhaus mit dem Museum verbinden müßte, denn in der Villa ist unmöglich Platz dafür. Das war ja schon ‘mal Frau Mays Idee. Dann wäre es am besten, man baut alles zusammen auf dem Grundstück vis à vis“ /19/.

Für die Unterbringung der Sammlungsobjekte wollte Frank einen gesonderten, größeren Raum vorsehen, ausgestattet mit Oberlichtfenstern wie im Stuttgarter Linden-Museum. Dafür freilich sollte sich zunächst keine Lösung finden. Denn das Wild-West-Blockhaus war als Wohn-, nicht als Museumsgebäude konzipiert.

Zwei einheimische Architekten, die Herren Czopka und Rometzsch, stritten um die Gunst Patty Franks und legten ihm erste Entwürfe für sein künftiges Heim vor. Diese stellten jedoch eher treudeutsche Landhäuser als eine nordamerikanische Blockhütte dar. Frank mußte mehrfach korrigierend eingreifen, bis schließlich Max Czopka aus Radebeul mit seinem allerletzten Entwurf vom 11. Mai 1926 als Sieger aus dem Architektenwettstreit hervorging. Das Projekt wurde vom Stadtrat Radebeul am 17./20. Mai 1926 bedingt genehmigt. Es sah ein Blockhaus mit vier Kellerräumen vor, darunter – Pattys Wunsch folgend – einen Zechkeller, im Erdgeschoß Wohn- und Schlafzimmer, Küche, Bad und einen originalen Wild-West-Raum. Dieser sollte die Attraktion des Hauses sein, stilgerecht mit Holzbohlen ausgekleidet und mit einem Kamin und – einer Falltür ausgestattet. Im Dachgeschoß würden zwei Fremdenzimmer und eine Bodenkammer Platz finden. Eine Frage blieb freilich unbeantwortet: Wo eigentlich sollte die Indianersammlung ausgestellt werden?

Einem Radebeuler Handwerker, dem Zimmermeister Hermann Hummig, übertrug Klara May den Blockhausbau. Bereits am 7. Mai 1926 wurde der Grundstein gelegt, Richtfest feierte man am 19. Juni 1926. Gärtnerische Arbeiten und Anpflanzungen erledigte die Firma Großbaumschulen Paul Hauberer, Dresden-Tolkewitz. Im November 1926 konnte Patty Frank seinen Wigwam beziehen.

Bei den Bauunterlagen befindet sich ein von Czopka am 29. September 1926 ausgefertigter, niemals realisierter Plan, wonach zwei Zimmer im Obergeschoß der Villa „Shatterhand“ und ein Veranda-Aufbau für die Indianerausstellung genutzt werden sollten, mit einer Ausstellungsfläche von insgesamt 63 qm.

„Ich möchte den Lesern Karl Mays Freude machen“

Es ist verständlich, daß die Übernahme einer so bedeutenden ethonographischen Sammlung vertraglicher Regelungen bedurfte. Ein Rechtsanwalt, der im Auftrag des Karl-May-Verlages seit Sommer 1925 mit der Textformulierung befaßt war, forderte dazu ein genaues Verzeichnis der Sammlungsgegenstände. Dieses Verlangen überforderte Patty Frank sichtlich, denn hierzu war wissenschaftliche Akribie nötig. Selbst über die Anzahl seiner Objekte war sich Patty nicht im klaren. „Im ganzen werden es 450 bis 500 Stück sein“, teilte er August 1925 brieflich mit /19/. „Es ist dies eine der größten Indianer-Privatsammlungen, die es gibt, und in Deutschland gibt es nur zwei Museen (Anm.: in Berlin und Stuttgart), die über größere Sammlungen Nordamerikas verfügen. Alle anderen haben von Nordamerika keine 50-60 Stück, siehe das Dresdner Museum.“

Da Dengler im Völkerkundemuseum Stuttgart mit der Katalogisierung noch längst nicht fertig war, konnte Frank im Dezember 1925 lediglich aus dem Gedächtnis die gewünschte Aufstellung vornehmen. Über 100 Fotos dienten ihm als Richtschnur. Außer indianischen Objek-

Klara May (links) läßt sich von **Patty Frank** eine prachtvoll gestaltete indianische Friedenspfeife erläutern: Blick in den Ausstellungsraum des Karl-May-Museums von 1928.

ten listete er noch Ethnographica aus Afrika, China, Japan und der Südsee sowie „Curiositäten aus aller Herren Länder“ auf.

Mit Zustimmung der Karl-May-Stiftung wurde der Vertrag zwischen Klara May und Patty Frank am 30. Januar 1926 besiegelt. Er sah die Übereignung von Franks Sammlungen im Schätzwert von 30 000 RM an Frau May vor. Als Gegenleistung verpflichtete sie sich, für Patty Frank ein Blockhaus zu errichten und ihm darin lebenslanges unentgeltliches Wohnrecht einzuräumen. Außerdem erhielt Frank auf Lebenszeit eine Rente von monatlich 300 Goldmark zugesichert.

Zuletzt hatte Klara May von ihrem Rechtsberater, Dr. Erich Wulffen, juristischen Rat erbeten. Ihr Schreiben ist bemerkenswert, weil sie darin auf ihre schätzenswerten Beweggründe eingeht. „Sie dürfen bitte nicht außer Acht lassen“, schrieb sie am 24. Januar 1926 /20/, „daß es sich um die Erwerbung einer bedeutenden Indianersammlung handelt, die einen Wert von über 100 000 M hat ... Das Ganze ist eine Illustration zu Mays Werken ... Weil die Museen kein Geld haben, derartige Sammlungen jetzt zu kaufen, deshalb habe ich die Möglichkeit (wahrgenommen), in einer Art Abzahlung die Sachen zu erwerben ... Ich möchte den Lesern Freude machen und die Phantasie, die May anzuregen wußte, durch die Sammlung eines seiner Leser in die Wirklichkeit hinüberleiten. Ich sah seiner Zeit in Amerika die wundervollen alten Indianerarbeiten, weiß, wie selten, ja fast unerreichbar sie sind, weil das Verständnis für diese eigenartige Kultur lange Zeit schlummerte. Ich bin überzeugt, lange nach meinem Tod wird man mir meinen Entschluß danken, denn ich weiß, wie arm die deutschen Museen an solchen Sachen sind.“

Am 26. Januar 1926 schloß Klara May einen Erbvertrag ab, der im engen Zusammenhang mit dem Erwerb der Sammlung Patty Frank zu sehen ist. Darin setzte sie die Karl-May-Stiftung, die nach Klara Mays Ableben die Villa und das Blockhaus samt Inventar und Sammlung übereignet bekommen würde, auch zum Erben ihres persönlichen Vermögens ein. Sie verband damit die Auflage, „die Villa Shatterhand und die dazugehörigen Liegenschaften und Sammlungen im Sinne von Karl Mays literarischen Schöpfungen zu einem Karl-May-Museum ... auszubauen.“

Erste Besucher in der „Villa Bärenfett"

Zunächst gab es noch kein Museum, sondern nur eine von Patty Frank bewohnte Blockhütte, die noch nicht einmal einen Namen hatte. Passend fand man schließlich „Villa Bärenfett". In Karl Mays Werken schwärmt der Westmann Hobble Frank aus dem sächsischen Moritzburg von einer Villa am Strand der Elbe. In Mays Erzählung „Der Ölprinz" (1893/94) wird zum ersten Mal der Name dieser Behausung genannt: Villa Bärenfett. Daß unser Blockhaus gleichen Namens in Radebeul eine getreue Nachbildung aus Mays Erzählung „Der Sohn des Bärenjägers" („Unter Geiern") sei – diese hübsche, oft kolportierte Version hat sich allerdings als unhaltbar erwiesen /21/. Nach seinem Einzug im Spätherbst 1926 wurde der neue Blockhausbewohner freilich nicht müde, seinen Gästen zu erzählen, daß alles wie bei Karl May sei – nur daß nicht der Hobble Frank, sondern der Patty Frank die „Villa Bärenfett" bewohne ... Und über Mangel an Besuchern konnte er sich wahrlich nicht beklagen. Der gern in Cowboy-Tracht auftretende Patty Frank und sein amerikanisches Blockhaus an der Elbe in Sachsen – das war eine Novität in deutschen Landen, die viele Neugierige anlockte.

Erste Presseberichte und Fotos, die im Februar 1927 erschienen, schürten diese Neugier auf jenes originelle Stückchen Wild-West, dessen sich Radebeul von nun an rühmen konnte: „... Plötzlich taucht zwischen hohen Tannen ein aus roh behauenen Stämmen zusammengefügtes Blockhaus auf. Wir schlagen mit dem eisernen Türklopfer dreimal an die Bohlentür, und eine übermuskulöse, sehnige Gestalt tat uns mit herzhaftem Indianergruß auf ... Patty Frank führte mit Stolz durch die einzelnen Räume, zeigt seine Sammlung indianischer Waffen und Kleider. An einer Wand prunkt die Skalpsammlung Franks, die mehr Skalpe zeigt als sämtliche deutsche Museen zusammen besitzen. Auf Tischen und in Ecken drängen sich ganze Stapel von bemalten Tierfellen, Waffen und indianischen Kriegsinsignien" /22/.

Mit seinen Gästen plauderte Patty Frank im Wild-West-Raum vor prasselndem Kaminfeuer und ließ das Calumet und zu besonderen Anlässen eine Flasche Feuerwasser kreisen. Bärenfelle, über Holzklötze ausgebreitet, sorgten für anheimelnde Stimmung. An den Wänden präsentierten sich Jagdtrophäen, darunter ein mächtiger Bisonkopf, Tomahawks, Pfeil und Bogen, Messer, indianische Flecht- und Webarbeiten, Perlstickereien. Über den Kamin hatte er Pferdehaarskalpe wie Fledermäuse aneinandergereiht. Freilich, all diese indianischen Sammlungsstücke waren noch nicht geordnet, nicht sachkundig zusammengestellt. Aus dem Radebeuler Trapperheim war noch längst kein öffentliches Museum geworden.

Auf der Suche nach geeigneten Museumsräumlichkeiten strich ein Jahr ergebnislos dahin. Erst dann setzte sich die Überzeugung durch, daß ein Anbau ans Blockhaus die Sammlung aufnehmen müsse. Januar 1928 beantragte Klara May den Erweiterungsbau beim Rat der Stadt Radebeul. Nach Fertigstellung durch eine ortsansässige Baufirma konnte der neuhinzugewonnene 63,7 qm messende Raum ab August 1928 als Museum eingerichtet werden. Offizieller Eröffnungstermin: 1. Dezember 1928. Bei einer Vorbesichtigung Anfang November hatte sich der sächsische Kultusminister Dr. Kaiser in seiner Eigenschaft als Vorstandsvorsitzender der Karl-May-Stiftung anerkennend über das dem Andenken des Schriftstellers gewidmete Museum ausgesprochen.

Die Eröffnung des Karl-May-Museums

In- und ausländischen Pressevertretern wurde das neue Karl-May-Museum am 17. November 1928 vorgestellt. Zu besichtigen gab es einen größeren, mit einem Oberlichtfenster versehenen Raum, der von Hermann Dengler unter ethnologischen und museologischen Gesichtspunkten ausgestaltet worden war.

„In Glasschränken und überglasten langen Schautischen liegt die indianische Kultur erschlossen", informierte das Radebeuler Tageblatt. „Indianertrachten in vielen einzelnen und seltenen Stücken, indianische Gebrauchsgegenstände, Kriegsschmuck, Lanzen, Bogen, Pfeile, herrlich befiederte Kriegsmützen, Schilde, Tomahawks usw., ferner eine kostbare Sammlung von Pfeifen und Tabaksbeuteln, Rasseln und Signalpfeifen, kultische Gegenstände und vor allem die Skalpsammlung, die in ihrem Wert unschätzbar ist ..." /23/

Beim Rundgang durch das neue Museum gab Hermann Dengler fachkundige Erläuterungen. Berichten zufolge soll Dengler bei diesen Führungen manch unrichtige landläufige Ansicht über die Indianer korrigiert haben. An sich bot der Ausstellungsraum von 4,9 m x 13,0 m = 63,7 Quadratmetern wenig Spielraum für Ausstellungsobjekte und Besucher. Dennoch hatte man eine Raumteilung und dadurch einen Rundgang durch sechs in der Raummitte aneinandergereihte Vitrinenschränke geschaffen. 10 Wand- und 9 Pultvitrinen gehörten außerdem zum Inventar. Hinzu kamen drei hohe Einzelvitrinen, die eine besondere Attraktion darboten: Indianer hinter Glas. Es handelte sich um drei in Lebensgröße modellierte Figuren eines Apachekriegers, eines Irokesenhäuptlings und einer Schwarzfußfrau, ausgestattet mit originalen Kleidungsstücken, Waffen, Gebrauchsgegenständen.

Der Rundgang begann bei einer Wandvitrine, die die vollständige Ausrüstung eines Prärieindianers zeigte. Dazu gehörte das Skalphemd aus Karl Mays Sammlung. Einige Jahre später, 1933, sollten diese Gegenstände die neugeschaffene Figur des Sioux-Häuptlings zieren.

— **Karl-May-Museum.** Am 1. Dezember wurde es eröffnet und seither strömen die Gäste so zu, daß auch wir uns dem Wunsch der Verwaltung anschließen: die einheimische Bevölkerung möge geplante Besuche tunlichst auf Januar und Februar hinausschieben, damit zunächst dem ersten Andrang von auswärts Genüge geleistet werden kann. Geöffnet ist das Museum, wie schon mitgeteilt, nur am Sonntag, Dienstag und Freitag 10 bis 13 Uhr. Eintritt für Auswärtige je 1 Mark, für Lößnitzbewohner je 50 Pf. — Am 1. Dezember, dem Tag der Eröffnung, abends 18 Uhr, war eine Reihe von Fachgelehrten eingeladen, und die sachverständigen Besucher, darunter Vertreter der Berliner und Dresdner Museen, wiederholten bei ihren Ansprachen, was wir alle schon wissen: daß dieses unser Radebeuler nordamerikanisches Indianermuseum einzigartig ist, und daß es Kostbarkeiten aufweist, die nirgendwo anders mehr zu finden sind. — Von allen Seiten laufen bei uns Zeitungen und Zeitschriften, häufig mit prachtvollen Bildaufnahmen des Wildwestblockhauses und des Museums ein, die Zeugnis ablegen von dem anwachsenden Ruhm des Mannes, der in unsrer Heimatstadt lebte und schrieb und seit nunmehr 16 Jahren auf dem Radebeuler Friedhof begraben liegt: Karl May.

(Radebeuler Tageblatt, 7. Dezember 1928)

Dengler bemühte sich, auf historisch wertvolle Stücke und deren Eigenart aufmerksam zu machen. Wer wußte schon, daß man mit Pfeil und Bogen einen Bison glatt durchlöchern und auch das Tier daneben tödlich treffen konnte? Als Besonderheit wußte Dengler den Irokesenhäuptling herauszustellen. Dessen Kleidungsstücke und Waffen stammen aus der Zeit, als die Franzosen mit verbündeten Indianern 1755–62 gegen die Engländer Krieg führten. Am Beispiel des Wampumgürtels, den der Irokese in der Hand hält, versuchte Dengler nachzuweisen, daß dieses Stück tatsächlich einmal, wie es seine Funktion ist, als Kriegserklärung gedient habe. Mit berechtigtem Stolz stellte Dengler bei seinen Führungen fest, daß nur die besten Stücke aus den Sammlungen Karl und Klara Mays und Patty Franks ausgestellt sind – jene nämlich, deren Echtheit und Herkunft sich haben nachweisen lassen. Daß genügend Nachahmungen auf dem Markt wären, erläuterte Dengler an Hand der ausgestellten Erzeugnisse einer florierenden Fremdenindustrie.

Führungen durch die Indianerausstellung sind in den Anfangsjahren ausschließlich von Dengler gemacht worden. Nur im Verhinderungsfall pflegte Patty Frank einzuspringen, glänzte dann weniger durch fachliche Ausführungen als vielmehr durch seine humorvolle, anekdotenhafte Erzählweise und die Originalität seiner Persönlichkeit.

„Das Museum ist eine lebendige, unübertroffene Illustrierung zu Karl Mays Schriften, von einem kulturellen Wert, der nicht annähernd zahlenmäßig ausgedrückt werden kann“, resümierte das Radebeuler Tageblatt.

Karl-May-Museum Radebeul:
Geschäftspost *und* ***Eintrittskarte*** *aus früher Zeit.*

„Hierin liegt auch die Bedeutung des Museums für unsere Stadt, die damit in ihren Mauern eine Kostbarkeit umschließt, wie sie nirgends in der Welt, auch nicht in den großen amerikanischen Museen, in solcher Seltenheit und Echtheit vorhanden ist" /23/. Bezüglich der letzten Aussage kann man geteilter Meinung sein.

Bei aller Begeisterung über das museale Kleinod ließ sich eines nicht übersehen: Das neue Museum war keinesfalls eine Gedenkstätte für seinen Namensträger. Das Karl-May-Museum des Jahres 1928, das die Villa „Shatterhand" nicht mit einbezog, zeigte keine literarisch-biographische, sondern eine rein völkerkundliche Ausstellung.

Nordamerikareise 1930

Es ist das Verdienst von Klara May, die ethnographischen Bestände des Karl-May-Museums auch nach dessen Eröffnung mit wertvollen, zum Teil einmaligen Neuerwerbungen laufend ergänzt zu haben. Ertragreich in dieser Hinsicht war vor allem eine Reise durch die Vereinigten Staaten, die Frau May mit dem befreundeten Ehepaar Lucie und Richard Lieberknecht vom 27. August bis 18. Oktober 1930 unternahm. Stationen und Ergebnisse dieser Reise zu den Indianergebieten Nordamerikas hat Klara May in einem Reisetagebuch /24/ und in ihrer Publikation „Mit Karl May durch Amerika" /25/ niedergelegt.

Über New York und Chicago reisend, traf sie am 8. September 1930 in Mandan bei Bismarck am Missouri (Staat North Dakota) auf die ersten Indianer: Einen 20minütigen Aufenthalt der Burlington North Pacific Railroad nutzte sie, um mit einer Gruppe Indianer auf dem Bahnhof ins Gespräch zu kommen und eine indianische Handtrommel für drei Dollar zu erwerben. Dann setzte Klara May ihre Fahrt fort, den Yellowstone River entlang über Livingstone bis Gardiner, dem nördlichen Einfallstor zum Yellowstone Nationalpark in Wyoming. Ausflüge per Auto unternahm sie zur Geysirlandschaft des Nationalparks und in die Windriver-Berge, wo man Winnetous „Grab" suchte.

Eine dieser Fahrten führte Klara May am 11. September noch Cody (Wyoming), wo das Buffalo-Bill-Museum besucht wurde. In einem Store für alte Indianersachen kaufte sie 1 Chief Blanket (Tanzdecke) für 250 Dollar, 1 Sioux War Bonnet (Federhaube) mit weißen Adlerfedern für 100 Dollar, 1 indianisches Skalphemd für 100 Dollar und 1 Halskette für 45 Dollar. Einen Shoshonen-Korb schenkte ihr die Ladenbesitzerin dazu. Auch mit einem Büffelkopf liebäugelte Klara May, doch schreckte sie dessen Preis ab: 500 Dollar /24/.

▲
USA-Reise 1930: Begegnung mit Indianern auf der Eisenbahnstation Mandan (North Dakota). Die attraktive ***Handtrommel*** *wurde von Klara May erworben und bereichert seitdem das Radebeuler Karl-May-Museum (D 5: 215).*
▼

Von Cody fuhren Klara May und Lieberknechts weiter zum Custer Battle Field, das sie bereits von fern durch zahlreiche Grabkreuze ausmachten. Der Zug hielt extra dort: Zugeständnis an den Fremdenverkehr. Weiter ging die Eisenbahnfahrt über Cheyenne (Staat Wyoming), Denver und Colorado Springs (Staat Colorado) nach Las Vegas, Santa Fe und den Nachbarort Lamy (Staat New Mexico). Ausflüge in die Umgebung brachten Klara May zu alten Indianerdörfern und Felswohnungen und schließlich nach der für seine indianischen Töpferwaren bekannten Ortschaft Santa Clara sowie zur Pueblo-Siedlung El Taos (15./16. September 1930). Dort kaufte Frau May weitere „wundervolle Indianersachen, billiger als in Cody, vor allen Dingen die alte bemalte Büffelhaut (Old Buffalo Robe painted)“, die nach ihren Aufzeichnungen 10 000 Dollar wert sei, für nur 100 Dollar /24/. Auf dieser Bisondecke aus dem Jahre 1876 (alte Signatur: 170–1204) ist eine Kampfszene festgehalten: Dakota-Indianer verfolgen zu Pferde berittene gegnerische Indianer.

Von Taos ging es den Rio Grande entlang zurück nach Santa Fe und weiter über Albuquerque und Gallup nach Holbrook im Staate Arizona. Dort traf Frau May mit dem Händler und Unternehmer Julius Wetzler zusammen, gebürtig aus Frankfurt/Main, der seine Landsleute zu Fahrten mit seinem Auto einlud. Dank Wetzlers Vermittlung hatte Klara May bereits früher mehrere indianische Exponate für das Karl-May-Museum ankaufen können.

Von Holbrook und dem benachbarten Winslow aus unternahmen Wetzler, Klara May und die Lieberknechts Mehrtagesausflüge zum Grand Canyon, zur Hopi-, Navajo- und Zuñi Indian Reservation und zum Petrified Forest Nationalpark („Versteinerter Wald“). Von dort aus ging es über Saint Johns und Springerville zur Fort Apache Indian Reservation. Klara May hat von ihrer Nordamerikareise mehrere lederne Bekleidungsstücke und Gebrauchsgegenstände der Apache-Indianer mitgebracht.

Zurückgekehrt nach Winslow, setzte man die Reise über die Stationen Flagstaff – Los Angeles (mit Besuch des Indianermuseums) – San Francisco in Californien fort, mit der Bahn und dem Auto. Zur Ostküste zurück benutzte man die transkontinentale Eisenbahn: San Francisco – Salt Lake City (Staat Utah) – Niagara-Fälle – New York und Washington. In der Bundeshauptstadt standen für Klara May der Besuch des Nationalmuseums (Indianer-Sammlung) und des Weißen Hauses auf dem Programm, wo sie von Präsident Herbert C. Hoover empfangen wurde.

An sich hatte Klara May auch eine Fahrt in die Pine Ridge Reservation in South Dakota geplant. Dort lebte damals Jack Red Cloud, der Sohn des 1909 verstorbenen Red Cloud. In Karl Mays Indianersammlung befindet sich ein mit Perlstickereien geschmückter Knabenanzug, der aus dem Familienbesitz des Häuptlings „Rote Wolke“ stammen soll. Aber dieser Teil ihres Reiseplanes ließ sich nicht realisieren: „Zu weit“ schrieb Klara May in ihr Reisetagebuch. Ebenso mußte sie auf den vorgesehenen Besuch des Malers und Sammlers E.W. Lenders in Oklahoma City und Tulsa verzichten.

Insgesamt hat Klara May von ihrer USA-Reise 192 indianische Sammlungsobjekte mitgebracht und dafür in summa 1757,55 Dollar bezahlt – der Dollar zu 4,20 Reichsmark.

Auch später konnte sie für das Karl-May-Museum bedeutende Sammlungsstücke in Besitz bringen: Dezember 1928 sandte ihr Wetzler einen Apache-Hochzeitskorb und vier prähistorische indianische Tongefäße. Von Fr. Harvey aus Albuquerque erhielt sie 1931 den großen Totempfahl für 100 Dollar sowie aus Taos 1 Trommel, 1 Decke und 1 Medizinbündel für zusammen 300 Dollar. Aufkäufe aus den Sammlungen Klubach, Vittorio Güttner und Elk Eber, beide München, und Geschenke von Lucie Lieberknecht – 1 Indianerdecke und 1 Totempfahl – kamen hinzu. Belege für derartige Ankäufe und Erwerbungen datieren bis ins Jahr 1942.

Ethnographisch wertvolle Objekte der nördlichen Athapasken-Indianer und einiger Eskimostämme umfaßte eine Schenkung, die Frau Neubert-Harkort aus Elberfeld im Sommer 1936 dem Karl-May-Museum machte: Die Sammlung stammte aus dem Besitz ihres Mannes, des Naturforschers Dr. Carl Peter Harkort (1859–1927), die dieser auf einer Forschungsreise zusammengetragen hatte. Im Auftrag der US-Regierung vermaß Harkort seinerzeit die Grenze zwischen Alaska und Kanada /26/. –

Um einen Überblick über den Bestand des Museums an indianischen Gegenständen zu gewinnen, muß eine 1956 erfolgte Inventarisierung herangezogen werden /27/. Danach hat das Karl-May-Museum insgesamt 1914 Objekte indianischer Herkunft bessen. 109 sind durch Auslagerung, Wanderausstellungen, Leihgaben, Kriegswirren in Verlust geraten und nicht mehr nachweisbar, so daß ein Realbstand von 1805 Objekten zu Buche steht. Patty Franks Sammlungsanteil von maximal 540 Gegenständen /28/ macht stückzahlmäßig 30 Prozent aus, dürfte wertmäßig indessen höher zu veranschlagen sein.

Ausstellungsneugestaltungen und Besucherzahlen

Bedingt durch jene umfangreichen Neuerwerbungen, platzte das Radebeuler Museum binnen drei Jahren sprichwörtlich aus allen Nähten. Es wurde versucht, den Wild-West-Raum (29 qm) museal stärker zu nutzen, ohne freilich der Überfüllung des eigentlichen, nur 64 qm messenden Museumsraumes Einhalt gebieten zu können.

Eine Fachzeitschrift verteilte 1931 zwar Lob: „Daß man sich Hermann Dengler aussuchte, um die Sammlungen ... aufzustellen, sicherte dem Unternehmen wissenschaftliche Bedeutung ..." Im gleichen Atemzug wurde jedoch bemängelt, der einzige Ausstellungsraum sei, „schon viel zu klein geworden, als daß die vielen Seltenheiten in das richtige Licht gestellt werden könnten. So mußte z.B. ein prachtvolles Rindenkanu oben auf einem Schrank untergebracht werden, und in vielen Spinden hängen die Gegenstände zu dicht aneinander" /29/.

Auftragsgemäß legte Architekt Czopka bereits Anfang 1931 Pläne für einen zweiten Erweiterungsbau der „Villa Bärenfett" vor. Aber das Projekt verzögerte sich. Realisiert wurden lediglich einige von Patty Franks Privatwünschen: die Goldgräberbar (Saloon „Zum grinsenden Präriehund") in einem Nebenraum und eine „Schwarzbrennerei" im Kellergewölbe des Blockhauses.

Als das Karl-May-Museum im Dezember 1933 auf sein 5jähriges Bestehen zurückblicken konnte, verfügte es immer noch nicht über zusätzliche Ausstellungsfläche. Die Zahl seiner Exponate aber hatte sich beträchtlich vermehrt und trug zu einer beängstigenden Überfüllung bei. Gesellschaft hatten die drei lebensgroßen Indianerfiguren (Irokese, Apache, Schwarzfußindianerin) bekommen: einen Tlingit, einen Comanche und den heute noch am meisten bewunderten Sioux-Häuptling, der seitdem das von Old Shatterhand 1908 „erbeutete" Skalphemd trägt.

Eine Ursache, weshalb sich der geplante Erweiterungsbau hinzögerte, ist möglicherweise in Differenzen über die damit zwangsläufig verbundene Ausstellungsneugestaltung zu suchen. Dengler beharrte auf seiner ethnologisch einheitlichen, museologisch orientierten Konzeption, während Patty Frank und Klara May einer wissenschaftlich begründeten Präsentation nicht allzuviel Geschmack abgewinnen konnten. So kam es zur Trennung. Für die in Aussicht genommenen Umgestaltungspläne stand Dengler nicht mehr zur Verfügung: ein Verlust. Zuvor zeitweise vom Archiv für urgeschichtliche Funde in Sachsen bei Ausgrabungen beschäftigt, hatte Dengler erst Ende 1928 eine feste Anstellung im Dresdner Staatlichen Museum für Mineralogie, Geologie und Vorgeschichte gefunden, und zwar als wissenschaftlicher Zeichner für frühgeschichtliche Funde. Ein fast fertiggestelltes Manuskript mit zahlreichen Abbildungen zur Geschichte und Kultur der Indianer Nordamerikas, woran er bis zuletzt arbeitete, ging durch Kriegswirren verloren.

Am 19. Januar 1936 feierte Patty Frank seinen 60. Geburtstag und empfing Glückwünsche und Gäste aus aller Welt. Zirkusdirektor Hans Stosch-Sarrasani jun. (1897–1941) ließ sich sehen und seine argentinische Militärkapelle vor dem Blockhaus aufmarschieren. Elk Eber, ein Kunstmaler, stellte sein Indianergemälde „Heimkehr von der Schlacht" vor, das für das Karl-May-Museum bestimmt war. Old Patty erläuterte die neuen Baupläne für die „Villa Bärenfett" und verwies stolz auf die immer reichhaltiger werdende Sammlung: 19 Skalpe. Es sei dies die weltweit umfassendste Kollektion. Alle anderen Museen brächten es nur auf insgesamt 12 Stück.

Der Umbau des Gebäudes bedingte die Schließung des Museums im Monat Juni 1936. Danach wurde der ursprüngliche Museums- und der Wild-West-Raum für das Publikum wieder zugängig. Alle neugeschaffenen Räumlichkeiten blieben bis zum Februar 1937 gesperrt. Da sich 1936 die historische Indianerschlacht am Little Bighorn zum 60. Mal jährte, eröffnete das Museum in den Sommermonaten eine Sonderausstellung. Mit Dokumenten des U.S. War Departements sowie des Kommandanten von Fort Bliss (Texas) und eigenen Beständen ließ Patty Frank eine Informationsschau zusammenstellen, die an das Leben und Schicksal des US-Generals Custer erinnern sollte.

Zur Eröffnung des umgestalteten Museums wurde die Dresdner Presse am 19. Februar 1937 in die „Villa Bärenfett" geladen, und man war allgemein von den attraktiven Neuheiten überrascht: Wildwest in Sachsen. Bereits äußerlich hatte das Blockhaus durch einen überdachten Vorbau mit einer Pferdetränke und einem Außenkamin hinzugewonnen. Zusätzlich zum alten Museumsraum von 64 qm waren zwei neue Räumlichkeiten von 9 m x 13 m = 117 qm und 4,4 m x 9 m = 40 qm Grundfläche geschaffen worden. Ein bisher von Patty Frank genutztes Zimmer von 15 qm wurde für das neue Diorama verwendet, so daß sich die Ausstellungsgrundfläche von 64 qm auf insgesamt 236 qm erweiterte, jeweils ohne Einbeziehung des 29 qm großen Wild-West-Raumes. Seine Wohnung verlegte Patty Frank ins Obergeschoß.

Damit wurde reichlich Platz für die Ausstellung selbst geschaffen. Allerdings gab man einer Präsentation „nach Gattung und Art" den Vorzug vor der früher nach Stämmen aufgegliederten Konzeption Denglers. Das führte zu einem ethnologisch wenig tragfähigen Ordnungsprinzip mit folgenden Schwerpunkten:

Das Haus / Die Frau / Der Mann / Das Kind / Kopfbedeckungen / Medizin / Schuhe (Mokkasins) / Sattelzeug / Schmuck / Indianische Musikinstrumente / Tabakspfeifen (Calumets) / Tomahawks / Kitsch (Erzeugnisse Fremdenindustrie) / Der Osten / Der hohe Norden / Der Südwesten / Der Nordwesten / Kalifornien u.a.m.

Als Neuheit fesselte jeden Besucher zuallererst das prächtige Diorama. Es setzt sich zusammen aus einem Wandgemälde, das die siegreiche Rückkehr berittener Sioux zeigt, und den im Vordergrund postierten lebensgroßen drei Figuren: Häuptling American Horse in Originalkleidung, eine Squaw und ihr Kind.

Für den kleineren der neueren Räume, der 40 qm mißt, hatte man sich zu Ehren des bevorstehenden 25. Todestages des Schriftstellers (30. März 1937) etwas

Blockhaus „Villa Bärenfett“ *nach dem Erweiterungsbau, im Hintergrund Patty Frank.*

Besonderes ausgedacht: einen Karl-May-Gedächtnisraum, bestückt mit biographischen und literarischen Ausstellungsobjekten. In den Folgejahren kamen dazu noch von Karl und Klara May gesammelte ethnographische Gegenstände aus dem Orient, Afrika und Ostasien. So sehr man sich mit den Gedanken anfreunden kann, daß ein Karl-May-Museum letztlich etwas über Leben und Werk jenes Schriftstellers bringen muß, dessen Namen es trägt, so wenig dienlich war diese Entscheidung für die museale Gesamtkonzeption der „Villa Bärenfett“. Zumal diese nichtständige Ausstellung zu Ehren Karl Mays häufigem Wechsel unterzogen war, wie beispielsweise 1942, anläßlich des 100. Geburtstages des Schriftstellers.

Weitere neue Schaustücke wurden 1938 gezeigt, anläßlich des 10jährigen Museumsjubiläums. Dazu zählen das Großgemälde „Indianerschlacht am Little Bighorn“, das 1944 durch zwei Bilder zur gleichen Thematik zu einem Triptychon ergänzt wurde. Anfang 1944 erhielten die lebensgroßen Indianerdarstellungen Zuwachs in Gestalt eines Medizinmannes der Schoschonen, eines Schwarzfußindianers in Wintertracht, eines Waldläufers und einer Prärieindianerfamilie. Alle diese Figuren waren wiederum mit originalen Kleidungsstücken bzw. Ausrüstungsgegenständen versehen.

Mitte der fünfziger Jahre wurde eine Ausstellungsneuorientierung aktuell. Es galt, zu einer klaren Ausstellungslinie zurückzufinden, entsprechend dem Sammlungsprofil und der Funktion des Museums. Auswärtige Besucher hatten die Indianerausstellung zuletzt als „chaotisch“ bezeichnet /30/, ob in jedem Fall berechtigt, bleibt dahingestellt. Nach neuen Vorstellungen sollte für Gegenstände außerhalb Nordamerikas kein Platz mehr sein. Auch die bis zuletzt von Patty Frank favorisierten Erinnerungsstücke an General Custer und den Wild-West- und Zirkushelden Buffalo Bill mußten stark eingeschränkt werden. Mit der wissenschaftlichen Neuorientierung wurde 1955 der Ethnologe Dr. Peter Neumann (1928-1989), Leiter der Amerika-Abteilung und späterer Direktor des Völkerkundemuseums Dresden beauftragt, in dessen Depot Objekte des Karl-May-Museums verwahrt werden.

Patty Frank erlebte die Neugestaltung nicht mehr. Er verstarb 1959 im 84. Lebensjahr. Zuletzt hatte er sich intensiv zwei Buchvorhaben gewidmet, die seinen Namen als Verfasser tragen und von seiner unverbrüchlichen Liebe zur roten Rasse zeugen: „Wilder Westen. Leben und Sterben der Indianer Nordamerikas", Wien und Heidelberg 1951; „Die Indianerschlacht am Little Bighorn", Berlin 1957.

Am 1. Mai 1962 wurde die neue, von Dr. Neumann zu verantwortende Ausstellungsgestaltung im Blockhaus „Villa Bärenfett" vorgestellt, das seinen Namen beibehielt. Dieser Hinweis ist keineswegs abwegig, denn seit 1956 gab es kein „Karl-May-Museum" mehr, sondern nur noch das „Indianer-Museum der Karl-May-Stiftung". Aus seinem Bestand von 1800 indianischen Objekten zeigt das Museum seitdem rund 850 Exponate, gegliedert nach den Gruppen:

Vorkolumbische Zeit / Athapasken in Alaska / Indianer der Nordwestküste / Indianer Kaliforniens / Pueblo-Indianer / Indianer des Östlichen Waldlandes / Prärie-Indianer / Fremdenindustrie / Freiheitskampf und Geistertanzbewegung.

Diese Ausstellungskonzeption wurde bei nachfolgenden Modernisierungs- und Rekonstruktionsmaßnahmen der ethnologischen Schauräume prinzipiell beibehalten. Sie fanden ihren vorläufigen Abschluß mit der Neueröffnung des seit 1984 wieder so heißenden „Karl-May-Museums" im Februar 1985. Modern und besucherfreundlich stellte sich nunmehr die Ausstellung „Indianer Nordamerikas" in der „Villa Bärenfett" vor. In der Villa „Shatterhand", dem Wohnhaus des Schriftstellers, wird seit Februar 1985 die lange Zeit vermißte biographisch-literarische Exposition „Karl May – Leben und Werk" gezeigt. –

Nicht nur für Statistiken ist die Entwicklung des Besucherverkehrs eines Museums interessant. Zählte man 1929, im ersten Jahr des Bestehens des Karl-May-Museums, 2600 Gäste, deren Anzahl in den Vorkriegsjahren mit 14 500 (1943) ihren Höhepunkt erreichte, so stieg diese nach 1945 weiter an. Eine Ursache lag sicherlich in der schrittweisen Erweiterung der Öffnungszeiten bis zur heute täglichen Besuchszeit begründet. Ursprünglich war das Karl-May-Museum Dienstag, Freitag und Sonntag von 10 bis 13 Uhr geöffnet und jedesmal im Januar geschlossen.

Im Jahre 1965 wurde erstmals die Zahl von 100 000 Gästen überschritten, und 1985, als die Karl-May-Ausstellung hinzukam, verzeichnete das Museum die bisherige Rekordzahl von jährlich 356 900 Besuchern. Insgesamt zählte das 1928 eröffnete Museum bislang über 6,5 Millionen Gäste aus aller Welt (Stand 1990).

Künstler am Werk

Museale Objekte aus dem Lebens- und Kulturkreis der Indianer des 18. und 19. Jahrhunderts, wie sie das Karl-May-Museum sein eigen nennt, bestechen durch traditionelle kunsthandwerkliche und künstlerische Leistungen der nordamerikanischen Indianer. Auch europäische Künstler, vornehmlich deutsche, haben ihre Talente in den Dienst der indianischen Kultur gestellt. Glücklicherweise verfügt das Karl-May-Museum in seinem Fundus über solche Exponate zeitgenössischen in- und ausländischen Kunstschaffens. Da es sich vielfach um Auftragsarbeiten handelt, sind Beziehungen zwischen der Geschichte des Karl-May-Museums, seiner indianischen Sammlungsbestände bzw. Ausstellungen und zeitgenössischen Künstlern nachweisbar.

***„Tanzender Indianer"** – Porzellanplastik von Erich Hösel, 1907.*

Wie historische Fotos belegen, besaß Karl May von dem Bildhauer und Porzellankünstler Professor Erich Hösel (1869-1953) einige Indianerplastiken, darunter die Gruppe „Nordamerika", 1907: Ein berittener Indianer mit wallender Federschleppe erlegt mit seinem Speer einen Büffel. Wir gehen kaum fehl in der Annahme, daß sich die Lebensläufe von Karl May und Hösel gekreuzt und sich beide in ihrem Schaffen zeitweise gefördert haben.

Wie May stammt Hösel aus dem sächsischen Erzgebirge. Er studierte an der Dresdner Kunstakademie, lehrte anschließend an der Kunstakademie Kassel, bevor er sich in Meißen (Sachsen) niederließ, wo er am 1. April 1903 zum Vorsteher der Gestaltungsabteilung der Meißner Porzellanmanufaktur berufen wurde. Studienreisen führten ihn 1898/99 in den Vorderen Orient (Kleinasien, Konstantinopel) und 1904 nach Nordamerika. Künstlerische Ausbeute dieser Fahrten waren Hösels figürliche Plastiken „Orientalische Studien", „Türkenjunge", „Türkenmädchen" sowie seine 1907 entstandenen Indianer- und Tierfiguren „Nordamerika", „Tanzender Indianer" bzw. „Tanz des Medizinmannes". In weißem, bemalten Meißner Porzellan ausgeformt, fanden diese ihre Käufer.

Das Karl-May-Museum besitzt die nordamerikanischen Arbeiten Hösels und darüber hinaus eine von ihm signierte Modellstudie dazu aus bemaltem Gips. Weiterhin existieren zwei Büsten von Dakota-Indianern, „nach dem Leben modelliert von Prof. E. Hösel, Meißen", die seit 1928 ihre Heimstatt im Karl-May-Museum gefunden haben.

Vier Jahre früher als der Radebeuler Schriftsteller unternahm Erich Hösel seine USA-Reise. Im Auftrag der Porzellanmanufaktur besuchte er die Weltausstellung in St. Louis und hielt sich deshalb vom 25. August bis 18. Oktober 1904 in den Staaten auf. Im Gepäck führte er neben seiner Fotoausrüstung und dem Skizzenblock 80 Pfund Porzellan sowie - eine Winchester und reichlich Munition mit sich. Denn er hoffte auf den Spuren Old Shatterhands in den Rockies jagen zu können. New York – Buffalo – Niagara Fälle – Detroit – Chicago – St. Louis – Washington – Philadelphia – New York sind indessen die Stationen seiner Reise gewesen.

In St. Louis zur Weltausstellung hielt Hösel sich vorzugsweise im Indianerdorf auf, eine Fülle von exotischen Sujets mit Kamera und Zeichenstift festhaltend. Käuflich erwarb er mehrere indianische Sachen, darunter je einen kompletten Anzug für einen Indianer und dessen Squaw. Seinen Aufenthalt in Washington nutzte Hösel zum Besuch des National- und des Smithsonian-Museums, wo ihn die ausgestellten Indianergruppen und deren Kostümierung faszinierten. Eine reiche Informationsquelle fand er schließlich auch in New York, in der Indianerabteilung des Naturhistorischen Museums /31/.

*Sioux-Häuptling **Red Cloud** (Skulptur von Vittorio Güttner, 1929)*

Zu jenen Künstlern, die Auftragswerke für das Karl-May-Museum geschaffen haben, gehören Vittorio Güttner, Elk Eber und Ernst Grämer.

Der aus Triest gebürtige Vittorio Güttner (1869–1937) wirkte als Bildhauer in München und modellierte 1928 jene ersten drei Indianerfiguren in Lebensgröße, die bei der Eröffnung des Karl-May-Museums vielbewundert wurden: den Irokesen, den Apachen und die Schwarzfuß-Indianerin. Frau May bezahlte ihm dafür insgesamt 1148 RM Honorar.

Selbst Kenner und Liebhaber, sammelte Güttner indianische Erzeugnisse. Lucie Lieberknecht vermittelte Klara May einiges, wovon sich Güttner trennte: 1 Comanche- und 1 Apache-Frauengewand, 1 Comanche-Tasche, 1 Schneemantel, 1 Calumet.

Im Auftrag Klara Mays schuf Güttner 1929 u.a. die Büsten der berühmten Indianerhäuptlinge Red Cloud und Sitting Bull (1834–1890), die seitdem zum Museumsinventar gehören, sowie eine bemalte Gipsplastik: Prärieindianer auf weidendem Mustang. 1933 erhielt das Museum seinen Tlingit-Häuptling. Auch die Figuren des Dioramas sind von Güttners Meisterhänden geformt: Sioux-Häuptling American Horse samt Squaw und Kind, 1936/37. Bei diesen seinen letzten Arbeiten überraschte ihn der Tod, so daß sie sein Sohn Bruno Güttner, der als Filmschauspieler bekannt wurde, vollenden mußte. –

Ausgeprägter als bei V. Güttner paarten sich bei dessen Berufskollegen Elk Eber Sammelleidenschaft für indianische Kultur und eigenes künstlerisches Wirken. Elk Eber, eigentlich Emil Eber (1892–1941), bevorzugte wie Güttner die naturalistische Darstellung. Allerdings weisen seine Gemälde und Plastiken ausgeprägt dramatisch-kämpferische Akzente und heldische Posen auf. Seine Ausbildung genoß Elk Eber an der Kunstakademie in München, wo er auch lebte. Er besaß nach Patty Frank eine der wertvollsten privaten Indianersammlungen in Deutschland, die er auch der Öffentlichkeit vorstellte, z.B. 1940 als Sonderschau im Völkerkundemuseum München.

Im Besitz des Karl-May-Museums befinden sich mehrere Indianer-Bilder Elk Ebers, die zwischen 1927 und 1930 entstanden sind. Eine enge Zusammenarbeit, gekennzeichnet durch mehrere feste Aufträge, datiert aber erst seit 1930. Wer sich das Vergnügen und die Mühe macht, in den dickleibigen Gästebüchern des Museums zu blättern, findet darin Indianer-Skizzen von Elk Ebers Hand, die an seine Besuche im Radebeuler Wild-West-Blockhaus erinnern.

Im Auftrag Frau Mays restaurierte Elk Eber im September 1930 eine Indianer-Büste und bemalte sie neu, schuf 1932 Sitting Bull als Standfigur (bemalte Kleinplastik) und 1934 das Gemälde „Geistertanz". Zwei jener 1933 im Museum neuaufgestellten lebensgroßen Indianerfiguren stammen aus Elk Ebers Atelier: der Sioux-Häuptling und der Comanche. 1935 schuf er das Gemälde „Heimkehr der Sioux-Indianer von der Schlacht", das den Hintergrund für das Diorama im Karl-May-Museum abgibt. Ein Jahr später, 1936, vollendete Elk Eber sein 2,0 m x 1,75 m großes Wandgemälde „Die Indianerschlacht am Little Bighorn" („Custer-Schlacht"), das einen zentralen Platz in der Radebeuler Indianer-Ausstellung zugewiesen bekam.

Möglicherweise wollte Elk Eber selbst dieses Schlachtengemälde durch zwei Seitenbilder zu einem Triptychon ausweiten, doch der Tod nahm ihm Pinsel und Palette aus den Händen. Beide Bilder, die General Custer bzw. den Sieger Sitting Bull zeigen, wurden von dem bekannten Pferdemaler A. Roloff geschaffen, vom Karl-May-Museum Anfang 1944 erworben und ausgestellt. –

Um die bildkünstlerischen Traditionen des Museums fortzuführen, beauftragte man nach dem Ableben von Güttner und Elk Eber den akademischen Bildhauer Ernst Grämer (1899–1966), Dresden, mit der Anfertigung weiterer lebensgroßer Indianerplastiken. Als das Museum im Februar 1944 nach der Winterschließung wiedereröffnet wurde, konnten die Besucher als Neuzugänge eine Prärieindianerfamilie, einen Medizinmann der Schoschonen, einen Schwarzfußindianer in Winterkleidung sowie einen Waldläufer bewundern. –

Klara May und Patty Frank haben noch andere thementrächtige Kunstwerke für das Museum erworben, darunter bemalte Bronzeplastiken von Carl Kauba (1865–1922). Ferner kaufte Frau May 1931 aus dem Nachlaß von Carl Henckel (1862–1929) verschiedene Bilder und Skizzen. Henckels Biographie scheint ganz der Indianerwelt eines Karl May entsprungen zu sein. Nach seinem Studium an den Kunstakademien in Dresden, München und Stuttgart, reiste Henckel nach Nordamerika, wo er künstlerische Beschäftigung fand und bei der Weltausstellung in Chicago 1893 als Presseillustrator tätig war. Seine Vorliebe für Indianer und Wild-West hatten Buffalo Bills Tourneen geweckt, für den er als Reklamemaler eine zeitlang arbeitete. Im Besitz des Karl-May-Museums sind mehrere Aquarelle Henckels, die an diese Zeit erinnern: „Indianer zu Pferd (München, 1890), „Buffalo Bill" (München, 1892) und die Skulptur „Indianer mit Tomahawk und Schild", 1897. –

Eine Besonderheit stellen zwei Gemälde dar, die dem Karl-May-Museum 1978 – zum 50. Jubiläum – aus den USA als Geschenk übermittelt worden sind. Es handelt sich um zwei Temperagemälde, die moderne indianische Kunstauffassung widerspiegeln: Das eine, „War Dancer" (Kriegstänzer), schuf Glenn Ray Shakespeare, 1972. Und das beeindruckende Bild „The good Mother Angel watches over us: We do not die alone" (Die gute Mutter Engel wacht über uns: Wir sterben nicht allein) stammt von dem Ponca-Indianer Mars Biggoose, 1976.

(Abbildungen: S. 94 und 96)

Nordamerikanische Indianer besuchen Radebeul

Welche Empfindungen mögen wohl Indianer haben, wenn sie in Europa ein Museum über ihre Kultur und Geschichte vorfinden? Interessanterweise läßt sich diese Fragestellung am Beispiel des Karl-May-Museums nachvollziehen. Denn während seines Bestehens haben Indianer aus Nordamerika mehrere Male das Blockhaus besucht.

Daß Indianer die Stadt Radebeul überhaupt heimgesucht haben, ist dem weltberühmten Zirkus Sarrasani zu verdanken. Indianer zu Gastspielen außerhalb der Vereinigten Staaten zu verpflichten, stellte sich damals als problematisch dar. Ihr „Export" war stets mit harten Auflagen und hohen Kautionsforderungen seitens der US-Regierung verknüpft. Aber Sarrasani schaffte es. Erwähnenswert ist, daß der Gründer des Zirkus, Hans Stosch-Sarrasani sen. (1873–1934) seit 1901 in Radebeul gewohnt und sein Weltunternehmen mit einem Gastspiel im benachbarten Meißen Frühjahr 1902 aus der Taufe gehoben hat.

Erstmals trat 1906 ein Indianer im vollen Kriegsschmuck in Sarrasanis Zirkus auf: der Sioux Black Elk. Für 1913 konnte Sarrasani eine Gruppe Sioux aus der Pine Ridge Reservation unter Chief Two-Two (1851–1914) verpflichten. Begleitet wurden sie von einem ehemaligen Cowboy und nunmehrigen Manager, Clarence O. Shoultz, der ihre Sprache sprach. Two-Two verstarb während seiner Deutschland-Tournee. Seinem Wunsche entsprechend, begrub man ihn in Dresden.

Shoultz vermittelte Sarrasani Jahre später erneut Sioux-Indianer, die Weihnachten 1925 in London gastierten und in Originaltracht unter viel Aufsehen 1926 in Bremerhaven landeten. Ab Februar traten sie in Dresden auf. Es waren „herrlich gewachsene Gestalten aus Lederstrumpfs Reich", informierte die Presse Radebeuls, „die einzigen echten Indianer, die zur Zeit außerhalb Amerikas leben ..., mit lederartiger rotbrauner Haut, die sie zu bemalen pflegen. Häuptling der Truppe ist Black Horn, ein rüstiger Greis von 97 Jahren, ihn begleiten seine Krieger und Nachkommen, bis hinab zu entzückenden Indianerbabys" /32/.

Dresdens Oberbürgermeister Blüher empfing die Rothäute zur Audienz. Man wechselte feierliche Ansprachen, und Black Horn überreichte Geschenke, die später im Stadtmuseum ausgestellt wurden: eine mit Ornamenten versehene Friedenspfeife aus rotem Catlinit, das Rohr buntfarben umflochten, und einen hirschledernen Tabaksbeutel, geschmückt mit Perlstickerei und Flechtwerk.

Drei Monate blieben die Indianer in Dresden. An ihren Umzügen und der Einweihung von Two-Two's Grab auf dem katholischen Friedhof nahm die Bevölkerung Dresdens lebhaften Anteil. Im Mittelpunkt stand stets die imposante Figur des greisen, aber erstaunlich rüstigen Black Horn. Patty Frank, der es wissen mußte, hatte zur Frage des oft biblischen Alters dieser Zirkusindianer seine eigene Meinung: „Das Alter der Häuptlinge wird meistens von Managern festgesetzt, und diese lassen gern mit sich handeln ..." /33/.

Leicht verstimmt reagierten Radebeuls Einwohner auf Sarrasanis Indianerschau in der sächsischen Residenz. „Unser Vater hat gesagt, Herr Direktor Sarrasani wäre ein Radebeuler wie wir", wandten sich zwei Jungen an das hiesige Tageblatt. „Warum hat er seinen Umzug nicht bis nach Radebeul gemacht?" Auch der Redakteur, der diesen Leserbrief veröffentlichte, hielt seinen Unmut nicht zurück: „So erfreulich das ... ist, so vermisse ich doch, daß die Aufmerksamkeit der Sioux-Indianer nicht auf die Witwe ihres alten Freundes Old Shatterhand (Karl May) gelenkt worden ist, die sich darüber sicher gefreut hätte! Der Besuch würde auch ein Ereignis für unsere Lößnitz sein!" /34/.

***Indianerhuldigung** für Karl May, 1928:*
Häuptling Big Snake am Grab des Radebeuler Schriftstellers.

Sarrasanis Pressechef, der die Zeitung mit jenem kritischen Hinweis übersandt bekommen hatte, mußte bedauern: „Wir waren nicht in der Lage, die Indianer für einen weiteren Umzug nach Radebeul in Anspruch zu nehmen. Die Indianer sind voll beschäftigt gewesen zu Proben für das Schaustück 'Wild-West', die täglich über acht Stunden in Anspruch nahmen" /35/.

Black Horn reiste ein Jahr lang mit Sarrasani kreuz und quer durch Deutschland, ohne freilich nach Radebeul zu kommen. Zum Abschied wünschte er den gastfreundlichen Deutschen „das Korn ihres Ackers, das Wild ihrer Wälder, das Gold ihres Bodens und – die Skalpe aller ihrer Feinde“ /36/.

Jene „Indianer-Euphorie“, die den Kindern Manitous bei ihren Gastspielen in Dresden und anderen deutschen Städten entgegenschlug, spiegelte sich auch anderswo wieder, wie ein Blick ins Dresdner Kinoprogramm April/Mai 1927 ausweist. Spielfilme, wie „Bedrohte Grenzen – unter Rothäuten und Büffel“, oder gar „der größte Wildwest-Film“ mit dem Titel „Ein roter Gentleman“ liefen vor ausverkauften Häusern.

Als sich Zirkus Sarrasani 1927 mit neuem Programm vorstellte, befanden sich unter den Völkerschaften aller Herren Länder, die er präsentierte, auch wieder Indianer aus Nordamerika. Sie kamen erneut aus der Reservation der Pine Ridge Agency in South Dakota und feierten am 3. März 1927 mit einem Umzug in Berlin ihre Deutschland-Premiere. Angeführt wurden sie vom Siouxhäuptling Big Snake (Susetscha Tanka = Große Schlange). Zum Jahresende 1927 wollte man in Sachsen gastieren - in Leipzig, Chemnitz, Dresden. Stosch-Sarrasani, der vor Jahresfrist allen Einwohnern Radebeuls eine Absage erteilen mußte, entsann sich diesmal seiner Heimatstadt und schrieb Frau May am 4. Dezember 1927: „Es wird Sie sicher interessieren, daß meine Indianer die gleiche Begeisterung für die Werke Ihres Mannes empfinden, wie die deutsche Leserschaft und die übrige Welt. Die Rothäute haben den Wunsch geäußert, das Heim Ihres Mannes kennenzulernen, der ein so glühender und leidenschaftlicher Verehrer ihrer Rasse war. Voller Dankbarkeit wollen sie dem Grab des Mannes, der ihr temperamentvollster Bewunderer gewesen ist, huldigen ...“ /37/.

***Klara May begrüßt Big Snake** am Eingang zur „Villa Bärenfett“ (von links nach rechts: Patty Frank, Big Snake, Klara May, Hans Stosch-Sarrasani).*

Indianerhuldigung in Radebeul, 17. Januar 1928. Bereits in Dresden, als die Sioux vor dem Zirkusbau „Sarrasani“ mehrere Kraftwagen bestiegen, hatte sich eine unübersehbare Menschenmenge angesammelt. Unterwegs wurde der Konvoi bejubelt. In Radebeul warteten Unzählige vor dem Friedhof. Pressevertreter hatten sich bereits im Innern des abgesperrten Friedhofes postiert, darunter auch ein Reporter der New York Times: „American Indians honor Karl May“ – unter dieser Schlagzeile sollte die Zeitung tags darauf seinen Kabelbericht veröffentlichen.

Voran marschierte die argentinische Gaucho-Kapelle Sarrasanis, einen Choral anstimmend. Feierlich bewegte sich der Zug dem Grabmal Karl Mays zu, einer Nachahmung eines altgriechischen Niketempels. Unter den Gästen befanden sich der Dresdner Generalkonsul der Vereinigten Staaten, Arminius T.Haeberle, Zirkusdirektor Stosch-Sarrasani, E. A. Schmid als Leiter des Karl-May-Verlages, Patty Frank.

„Wir stehen hier am Grabe eines Mannes, der der größte Freund der Indianer war“, begann Patty Frank seine Begrüßungsansprache auf englisch. „All sein Denken, all sein Tun war das eines Indianers. In mehr als dreißig Büchern, die in der ganzen Welt verbreitet sind, erzählt er, wie er seine roten Freunde verehrt. Seine Haut war weiß, sein Gesicht war weiß, aber sein Herz war rot wie jenes der roten Männer ...“ /37/.

Unter Trommelschlag näherten sich einige Indianer der Gruft, stimmten ein Klagelied an, legten zwei Kränze nieder. Big Snake stellte sich auf die Stufen des Grabmals und hielt eine gestenreiche Rede in der Sprache der Lakota, die Mr. Shoultz übersetzte: „Du großer toter Freund! ... Du hast unserem sterbenden Volk im Herzen der Jugend aller Nationen ein bleibendes Denkmal errichtet. Wir möchten Dir Totempfähle in jedem Indianerdorf aufstellen. In jedem Wigwam sollte Dein Bild hängen, denn nie hat der rote Mann einen besseren Freund gehabt als Dich ...“ /37/.

Vor der „Villa Bärenfett“ begrüßte Klara May auf englisch ihre Gäste. Mit einem Tanz dankten es ihr die Indianer. Patty zeigte ihnen die im Blockhaus angehäuften Schätze indianischer Kultur.

Daß es gerade Sioux gewesen sind, die Karl May ehrten, fand dessen Witwe des Wunderns wert: „Die Sioux waren (Anm.: in Mays Erzählungen) von jeher die Todfeinde der Apatschen, also auch Winnetous und Old Shatterhands. Hier scheint eine eigenartige Laune des Schicksals gewaltet zu haben. Nicht Apatschen sind es gewesen, auch nicht die befreundeten Navajo oder Schoschonen, die dem toten Freund der Indianer eine Huldigung an seinem Grab in Radebeul bereiteten, sondern seine früheren Feinde ...“ /38/.

Als Big Snakes Nachfolger bei Sarrasani kam Häuptling White Buffalo Man nach Deutschland. Zusammen mit zwanzig seiner Stammesgenossen hatte man ihn für die Saison 1928 engagiert. Aber nach Radebeul kam er nicht, obwohl Sarrasani mit 41 Völkerschaften im Nachbarstädtchen Meißen im November 1928 seine Wild-West-Show aufführte. –

April 1929 landete der angeblich 107 Jahre alte Osage-Indianer Big Chief White Horse Eagle in der Alten Welt und ließ sich in Berlin nieder. Dort wollte er ein Buch über Indianerkriege herausgeben und Vorträge halten. Begleitet wurde er von seiner weißen Ehefrau, die sich Queen Wa-Te-Na nannte.

Stosch-Sarrasani abonnierte dieses verwitterte Idol längst entschwundener Indianerherrlichkeit für seinen Zirkus. White Horse Eagle wurde zum Liebling des Publikums und Helden der Manege, obwohl er eigentlich nichts weiter tat, als sich zu präsentieren und Prominente scharenweise zu Häuptlingen mit klangvollen Namen schlug. Kraft seiner Würde konnte er das, denn er bezeichnete sich selbst als Oberhäuptling aller Indianerstämme. Anläßlich des US-amerikanischen Unabhängigkeitstages inszenierte Sarrasani mit ihm am 4. Juli 1929 eine monumentale Schau in Nürnberg.

Zuvor aber besuchte der „Indianerfürst“ am 18. Juni des Jahres Radebeul. Im reichen Adlerfedernschmuck schritt er gemeinsam mit US-Konsul George P.Waller die von Schaulustigen umsäumte Friedhofsallee entlang, die zum Grab Karl Mays führt. Waller trug die Friedenspfeife voran. Zum Geleit gehörte auch Professor Brandes, Direktor des Zoologischen Gartens Dresden.

An der Gruft hielt White Horse Eagle eine kurze englische Ansprache, die er mit „Hau Kola“ beendete, hob das Calumet wie segnend empor und hinterlegte einen Kranz. Man war beeindruckt, zumal er Klara May ehrerbietig die Hand küßte. Patty Frank und Dr.Schmid dankten mit einigen Worten.

Ins Gästebuch des Karl-May-Museums trug sich der honorige Gast mit markigen Lettern ein: „Hon. Big Chief White Horse Eagle. Worlds famous Chief. Born 1822, age 107“. Bereitwillig ließ er sich vor seinen Ahnen, den lebensgroßen Indianerfiguren in der „Villa Bärenfett“, abfotografieren. Meinungsbekundungen über die Exponate des Museums sind aus seinem Mund nicht überliefert. Bevor sich der große Häuptling verabschiedete, schlug er Klara May zur Prinzessin Sha-Lu-Wa, „was von allen Stämmen anerkannt wird“, wie die indianische Urkunde ausdrücklich bestätigt.

Später geriet dieser Indianerimport aus dem Land der unbegrenzten Möglichkeiten in Verruf. Seine Stammesbrüder monierten, daß er kein Wort ihrer Muttersprache sprechen könne, nichts von indianischer Kultur und Religion verstünde und nur dem Alkohol als Gottheit fröne. Schließlich bestätigte sich gar, daß er kein reinrassiger Indianer gewesen ist, weil Neger zu seinen Vorfahren zählten. Sein Alter hatte man ihm ohnehin nicht geglaubt.

Als sich Sha-Lu-Wa in Vorbereitung ihrer USA-Reise im Juli 1930 an den „Big Chief“ wandte, um zu erfahren, wo sie den Indianerstamm finden könne, dessen „Prinzessin“ sie sei, erhielt sie zwar ein Antwortschreiben, wird aber über dessen Inhalt nicht glücklich gewesen sein. –

Letztmalig brachte Sarrasani am 17. Oktober 1937 Indianer nach Radebeul. Es handelte sich um 10 Männer und 3 Frauen von den Seneca-Irokesen aus dem Reservat bei Buffalo. Anführer waren die Häuptlinge Black Horn II, 75 Jahre, und Red Eye, 78 Jahre alt. Red Eye galt als Freund des verstorbenen Hans Stosch-Sarrasani sen. Wie üblich verlief das Ritual: Kranzniederlegung und Gebet der Häuptlinge, schließlich Besuch des Karl-May-Museums. Hier freilich gab es ein Novum: Black Horn bat sich aus, mit seinem Stamm allein die Ausstellung ansehen zu dürfen, nicht in Gegenwart der Weißen. Nach den Gründen befragt, erzählte er Klara May, daß er noch niemals derart viele Heiligtümer der indianischen Nation beisammen gesehen habe. Dieses tiefinnerliche Erlebnis wollten sich die Irokesen nicht durch die Anwesenheit von Vertretern der weißen Rasse, ihrer alten Feinde, zerstören lassen /39/.

Indianer urteilen über das Karl-May-Museum

Gäste indianischer Abstammung konnte das Radebeuler Museum auch in jüngster Zeit begrüßen. 1983 besuchte Archie Fire Lame Deer, ein Lakota-Indianer, die Ausstellung zur Geschichte und Kultur seines Volkes. „Die Sammlung ist eine der besten, die ich auf meinen Reisen durch die Welt gesehen habe“, schrieb er ins Gästebuch. „Als Medizinmann und Häuptling würde ich es schätzen, wenn diese für künftige Generationen erhalten bliebe.“

Auch Robert Smith, Direktor des Oneida Nation Museums in Wisconsin (sein indianischer Name lautet Sago-Sa-Lonta) zeigte sich 1987 „sehr glücklich und überrascht, eine solch wunderbare Ausstellung im Karl-May-Museum zu sehen“, weil er „nie daran dachte, daß in diesem Land solch ein Interesse für den amerikanischen Indianer besteht.“

George P. Lee, ein Navajo und im Reservat aufgewachsen, später mit einer Comanche-Indianerin verheiratet, vertraute dem Museumsgästebuch 1987 seine Eindrücke an: „Als Indianer sind wir sehr stolz auf unser Erbe und unsere Kultur ... Mir gefiel das Karl-May-Museum außerordentlich. Ich bin sicher, jeder Indianer, der durch Ihr Museum geht, würde Stolz empfinden und sich an dem erfreuen, was er sieht.“

1989 konnte das Museum einen Choctaw-Indianer aus Ohio, James B.Williston (Little Eagle) bei sich begrüßen. „Ich weiß die Ehre zu würdigen, dieses Museum zu besuchen und schreibe diese Worte mit großem Respekt nieder“, lautet sein Gästebucheintrag. „Meine Frau und ich finden es gut, daß Karl May den Weg des Verstehens eröffnete und meinen indianischen Brüdern und Schwestern Achtung entgegenbrachte.“

Ähnlich anerkennend äußerten sich US-Amerikaner indianischer Abstammung, die selbst Museen vorstehen und im Jahre 1990 Radebeul aufsuchten: George P. Horse Capture, Leiter des Buffalo Bill Museums in Cody (Wyoming), und Rick West, Direktor des National Museums of the American Indians, das 1992 in Washington eröffnet werden soll. Mit rund 1 Million Ausstellungsobjekten wird es das größte seiner Art in der Welt sein. Dagegen nehmen sich die Bestände unseres Museums zahlenmäßig bescheiden aus. Kommentar von Rick West nach seiner Besichtigung des Karl-May-Museums am 2. Oktober 1990 /40/: „Es zählt weniger der Umfang als vielmehr die Qualität des Gezeigten. Und die ist in Radebeul, wie gesagt, sehr hoch.“ (K.H.)

Quellen und Anmerkungen

1 Richard Kirsch, Persönliche Erinnerungen an Karl May (Besuch am 27. August 1897), in: Neues Wiener Abendblatt, 24. September 1937.

2 Niederschriften Klara Mays über die Nordamerikareise 1908, o.J. (ca. 1932), unveröffentlicht.

3 Franz Franke, Ein Besuch bei Karl May, in: Bamberger Volksblatt, 18. September 1909.

4 Egon Erwin Kisch, In der Villa „Shatterhand“, Ein Interview mit Karl May, in: Bohemia, Prag, 15. Mai 1910.

5 Franz Fethke, Meine Erinnerungen an Karl May, in: Karl-May-Jahrbuch 1922, Radebeul, S. 312–323; Zitat S. 322.

6 Euchar A.Schmid, Das vierte Jahr, in: Karl-May-Jahrbuch 1921, Radebeul 1920, S. 14.

7 Radebeuler Tageblatt, Nr. 216, 15. September 1922, S. 2.

8 Klaus Hoffmann, Circensische Völkerschauen und exotische Abenteuerliteratur in Dresden, in: Dresdner Hefte 7 (1989), H. 5, S. 68–76.

9 Patty Frank, Ein Leben im Banne Karl Mays. Radebeul-Dresden 1935.

10 Patty Frank, Karl Mays letzter „Gefangener“, in: Karl-May-Jahrbuch 1932, Radebeul, S. 53.

11 aus einem Brief Patty Franks, 21. April 1925 (Archiv Dr. Peter Neumann, Dresden).

12 Patty Frank, Ein Überfall auf das Blockhaus, in: Karl-May-Jahrbuch 1930, Radebeul, S. 292.

13 Hermann Dengler, Zwei seltene Prachtstücke der Sammlung Patty Frank, in: Karl-May-Jahrbuch 1927, Radebeul, S. 115/116.

14 Patty Frank, Wie ich meinen ersten Skalp erwarb, in: Karl-May-Jahrbuch 1929, Radebeul, S. 25-30; Zitat S. 26.

15 nach: Patty Frank, Die Jagd nach der Büffelhaut, in: Karl-May-Jahrbuch 1931, Radebeul, S. 112–116; berichtigt und ergänzt.

16 Euchar A. Schmid, Vorwort zu: Hermann Dengler, Führer durch das Karl-May-Museum, Radebeul 1928, S. 4.

17 Patty Frank, Die Indianerschlacht am Little Bighorn, 25. Juni 1876, in: Karl-May-Jahrbuch 1926, Radebeul, S. 32–52.

18 Hermann Dengler, Wie ich Indianer wurde, in: Karl-May-Jahrbuch 1933, Radebeul, S. 450–462; Zitate S. 457/458 bzw. 462.

19 Patty Frank an Dr.E.A. Schmid Radebeul, o.Datum (Anfang August 1925; Archiv Dr. Peter Neumann, Dresden).

20 Korrespondenz Klara May - Dr. Erich Wulffen, Dresden (Archiv Dr. Klaus Hoffmann, Radebeul).

21 vgl. Klaus Hoffmann, Karl May - Leben und Werk. Ausstellung in der Villa „Shatterhand“, Radebeul 1988, S. 76–78.

22 A.F.Stenzel, Im Wigwam Old Shatterhands, in: Dresdner Nachrichten, 13. Februar 1927.

23 Das Karl-May-Museum in Radebeul. Eine kostbare nordamerikanische Indianersammlung, in: Radebeuler Tageblatt, Nr. 270, 19. November 1928.

24 Klara Mays Aufzeichnungen über Vorbereitung und Ausführung ihrer USA-Reise (für den Zeitraum 16. Juli bis 21. August 1930), handschriftliches Fragment, 1930.

25 Klara May, Mit Karl May durch Amerika, Radebeul 1931.

26 Bei Karl May zu Gast, in: Hohenstein-Ernstthaler Tageblatt und Anzeiger, Nr. 43, 20. Februar 1937, Beilage.

27 Peter Neumann, Wissenschaftliche Bearbeitung des Karl-May-Museums. Dresden-Radebeul 1956, ungedrucktes Manuskript, Abschnitt: Katalog der Gegenstände des Karl-May-Museums.

28 Peter Neumann, 50 Jahre Indianermuseum Radebeul, in: Abhandlungen und Berichte des Staatlichen Museums für Völkerkunde Dresden, Bd. 38, 1980, S. 154–164; Bestandsübersicht: S. 158, Fußnote 15.

29 E.H. Snethlage, Das Karl-May-Museum in Radebeul bei Dresden, in: Der Weltkreis. Zeitschrift für Völkerkunde, Kulturgeschichte und Volkskunde, Berlin 2 (1931), H. 1–2, S. 29.

30 Wilhelm Szewczyk, Radebeul und seine Kultur, in: Die Vorschau, Radebeul, H.11, November 1955.

31 Angaben über E. Hösels Nordamerikareise lt. Reisetagebuch (Archiv Porzellanmanufaktur Meißen).

32 Radebeuler Tageblatt vom 4. und 10. Februar 1926.

33 Patty Frank, Die Indianerschlacht in Stuttgart, in: Karl-May-Jahrbuch 1933, Radebeul, S. 469–476; Zitat S. 470.

34 Radebeuler Tageblatt, 27. Februar 1926.

35 Radebeuler Tageblatt, 18. März 1926.

36 General-Anzeiger, Kötzschenbroda, 15. Februar 1927.

37 Die Indianerhuldigung in Radebeul, in: Karl-May-Jahrbuch 1929, Radebeul, S. 7-33; Zitate S. 7, 11-13.

38 wie /25/, S. 22–23.

39 nach Berichten in Ortszeitungen: Radebeuler Tageblatt bzw. General-Anzeiger, Kötzschenbroda, 18. Oktober 1937.

40 Sächsische Zeitung, Dresden, 25. Oktober 1990.

Bibliographie: Führer durch die Ausstellung „Indianer Nordamerikas“ des Karl-May-Museums Radebeul

Hermann Dengler, Führer durch das Karl-May-Museum, Radebeul 1928.

Günther Rehschuh / Peter Neumann / Willi Sowinski, Indianer-Museum Radebeul, Dresden, 1. Aufl. 1956.

Peter Neumann, Indianer-Museum Radebeul, Dresden, 2. Aufl. 1962; 7. verb. Aufl. 1969; 20. Aufl. 1983.

Peter Neumann, Karl-May-Museum Radebeul. Völkerkundliche Ausstellung „Indianer Nordamerikas“, Radebeul, 21. und 22. Aufl. 1985; 23. Aufl. 1987.

Lothar Dräger / Rolf Krusche / Klaus Hoffmann, Indianer Nordamerikas. Ausstellung im Blockhaus „Villa Bärenfett“ des Karl-May-Museums, Radebeul, 1. Aufl. 1992.

Zeittafel zur Geschichte der Indianer Nordamerikas

von

Dr. Lothar Dräger

28 000 bis 22 000 v.Chr.
Eisfreie Landbrücke zwischen Sibirien und Alaska als Voraussetzung für die Einwanderung eines Großteils der Vorfahren der Indianer.

12 000 bis 8000 v.Chr.
Erneut eisfreie Landbrücke als Voraussetzung für nachfolgende Einwandererschübe.

12 000 bis 7000 v.Chr.
Paläo-indianische Großwildjäger im südlichen Nordamerika (Clovis, Folsom).

6000 bis 4000 v.Chr.
Eine archäologische Kultur Alaskas, in der auch die Vorfahren der Athapasken vermutet werden, breitet sich nach Osten und Süden aus (Microblade Tradition).

um 3000 v.Chr.
Vorfahren der Eskimo wandern von Sibirien aus auf dem Seewege ein.

1000 bis 500 v.Chr.
Einführung des Anbaus von Mais, Bohnen, Kürbis aus Mexiko im Südwesten und auch im Östlichen Waldland.

700 v.Chr. bis 700 n.Chr.
Archäologische „Waldland-Kultur" im Osten (Adena, Hopewell).

700 bis 1500
Archäologische Mississippi-Kultur (Temple Mound).

700 bis 1500
Archäologische Pueblo-Kultur (Anasazi).

um 1000
Vinland-Fahrten der Wikinger unter Leif Erikson nach Neufundland bleiben ohne Folgen.

1000 bis 1500
Vorfahren der Apache und Navajo wandern von Kanada nach dem Südwesten.

1497
Giovanni Caboto, in englischen Diensten, erreicht Neufundland und Labrador, fünf Jahre nach der Landung von Kolumbus auf den Westindischen Inseln.

1500 bis 1530
Baskische, englische, bretonische und portugiesische Fischer fangen bei Neufundland. Beginn des Pelzhandels.

1512
Spanier unter Ponce de León erreichen die Halbinsel Florida.

1524
Giovanni da Verrazano, in französischen Diensten, bereist die Ostküste und berichtet anschaulich über die Indianer.

1534
Franzosen unter Jacques Cartier fahren den St. Lawrence-Strom hinauf.

1539 bis 1543
Die spanische Armee unter Hernando de Soto durchquert den Südosten und dringt jenseits des Mississippi bis zur Prärie vor.

1540 - 1542
Spanische Armee unter Coronado durchquert das Pueblo-Gebiet und dringt bis in die südliche Prärie vor.

1565
Beginn der spanischen Kolonisierung in Florida.

um 1590
Ausbruch einer von Europäern eingeschleppten Pockenepidemie im Nordosten. Ihr sind wahrscheinlich die Irokesen-Stämme am St. Lawrence zum Opfer gefallen.

1598
Beginn der spanischen Kolonisierung in Neu-Mexico.

um 1600
Beginn der französischen Kolonisierung im St.Lawrence-Gebiet.

1607
Gründung von Jamestown. Englische Kolonisierung in Virginia.

1608
Gründung von Quebec als Hauptort von Französisch-Kanada.

1609
Gründung von Santa Fé als Hauptort der Spanier in Neu-Mexico.

1620
Die „Pilgerväter" leiten die englische Kolonisierung in Neu-England ein.

1622
Aufstand der Powhatan-Stämme in Virginia gegen die Engländer.

um 1630
Pferde der Spanier gelangen in Neu-Mexiko erstmalig in den Besitz der Indianer.

um 1640
Durch eine Pockenepidemie verlieren die Huronen die Hälfte ihrer Mitglieder.

1644 bis 1646
Der erneute Aufstand der Powhatan-Stämme wird schließlich niedergeschlagen.

1649 - 1654
Die Liga der Irokesen zerschlägt nacheinander die Huronen, die Petun, die Neutral Nation und die Erie.

1670
Gründung der englischen Hudson's Bay Company für den Pelzhandel.

1675 bis 1676
Der Aufstand der Stämme in Neu-England unter dem Wampanoag-Häuptling Metacom (King Philip) gegen die Engländer wird schließlich niedergeschlagen.

1680 bis 1692
Der Aufstand der Pueblo-Indianer unterbricht für diese Zeit die Herrschaft der Spanier in Neu-Mexiko.

1682
Gründung der französischen Kolonie Louisiana am Mississippi durch La Salle.

1684 bis 1701
Krieg zwischen den Franzosen in Kanada und der Liga der Irokesen. Nach dem Friedensschluß betreiben letztere eine Neutralitätspolitik.

1700 bis 1750
Pferde kommen durch Handel und Raub zu den Stämmen der südlichen und zentralen Prärien.

1729
Die Natchez werden von den Franzosen in Louisiana vernichtet.

1741
Vitus Bering, in russischen Diensten, erreicht die Küste Alaskas. Beginn der russischen Kolonisierung.

1754 bis 1760
Kolonialkrieg zwischen England und Frankreich parallel zum Siebenjährigen Krieg in Europa, endet mit dem Sieg der Briten.

1763
Das unterlegene Frankreich tritt Kanada an die Briten und Louisiana westlich des Mississippi an die Spanier ab.

1763 bis 1764
Gegen die neuerrichtete britische Kolonialverwaltung erheben sich die Indianer im Gebiet der Großen Seen unter dem Ottawa-Häuptling Pontiac, letztlich ohne Erfolg.

1775
Erste feste Niederlassung der Engländer westlich der Alleghanies in Kentucky.

um 1775
Die Stämme in den nördlichen Prärien sind nun ebenfalls in Besitz von Pferden.

1780 bis 1782
Durch eine verheerende Pockenepidemie verlieren die Prärie-Stämme bis zu drei Vierteln ihrer Bevölkerung.

1776 bis 1783
Unabhängigkeitskrieg der neuentstandenen USA. Die Mehrzahl der Stämme des Ostens kämpft auf Seiten der Briten.

1784
Die Hälfte der Irokesen, überwiegend Mohawk, Cayuga und Onondaga, siedeln nach Kanada um, das den Briten verblieben ist. Sie begründen eine 2. Liga neben der in den USA verbliebenen.

1786 bis 1794
Auch nach dem Unabhängigkeitskrieg setzen die verbündeten Stämme am Ohio (Shawnee, Miami, Delaware, Wyandot, Cherokee) den Krieg gegen die USA fort und besiegen mehrmals Armee-Einheiten.

1795
Im Vertrag von Greenville müssen die Ohio-Stämme nach einer Niederlage bei Fallen Timbers etwa die Hälfte ihres Territoriums abtreten.

1803
Napoleon verkauft „Louisiana“ westlich des Mississippi, das er Spanien abzutreten genötigt hat, an die USA.

1804 - 1806
Um dieses neuerworbene Gebiet zu erkunden, entsendet die US-Regierung eine Expedition unter Lewis und Clark, die den Missouri hinauf und den Columbia hinab bis zum Pazifik reist.

1805 bis 1811
Die Brüder Tecumseh und Tenskwatawa von den Shawnee begründen bei den Stämmen des Seen-Gebietes eine Bewegung der Rückkehr zu altindianischer Lebensweise und gegen Landabtretungsverträge.

1808
Gründung der American Fur Company für den Pelzhandel in den USA.

1812 bis 1815
Krieg zwischen den USA und Großbritannien. Tecumseh mit seinen Anhängern kämpft auf Seiten der Briten, fällt aber im zweiten Kriegsjahr.

1813 bis 1814
Der von Tecumseh zum Bündnis gewonnene Teil der Creek erhebt sich gegen die Amerikaner, wird aber schwer geschlagen.

1817 bis 1819
Die USA bekriegen die Seminole in Florida, die entflohenen Negersklaven Asyl gewährt haben. Spanien muß Florida an die USA abtreten.

1821
Durch Anschluß der North West Company an die Hudson's Bay Company wird dem Konkurrenzkampf im Pelzhandel in Kanada ein Ende gesetzt.

1824
Gründung des „Bureau of Indian Affairs“ im US-Kriegsministerium.

1830 bis 1840
Den Stämmen des Ostens werden Landabtretungsverträge aufgenötigt und sie in das „Indian-Territory“ westlich des Mississippi (heutiges Kansas und Oklahoma) umgesiedelt. 4 000 Cherokee sterben unterwegs (Trail of Tears).

1832
Die Sauk unter Black Hawk kämpfen vergeblich gegen ihre Umsiedlung.

1835 bis 1842
Einem Teil der Seminole gelingt es in langwierigen Kämpfen, sich der Aussiedlung aus Florida zu entziehen.

1837
Erneute Pockenepidemie in der nördlichen Prärie.

1846 bis 1848
Mexiko verliert im Krieg an die USA das Gebiet der späteren Staaten New Mexico, Arizona, California, Utah, Nevada.

1849
Das „Bureau of Indian Affairs“ wird dem US-Innenministerium unterstellt. Kompetenzstreitigkeiten mit der Armee sind an der Tagesordnung.

1861 bis 1865
Im Sezessionskrieg kämpfen der Hauptteil der Creek, Cherokee, Choctaw, Chickasaw auf Seiten der Südstaaten, andere Stämme auf der Seite der Union.

1862/1863
Die Santi-Dakota unter Little Crow wehren sich in einer Erhebung vergeblich gegen das Vordringen der Ansiedler.

1863 bis 1867
Die Navajo werden besiegt und jahrlang in Gefangenschaft gehalten.

1865 bis 1868
Den Lakota unter Red Cloud gelingt es in schweren Kämpfen, ihren Landbesitz noch einige Jahre zu sichern.

1867
Rußland verkauft Alaska an die USA.
Bildung des „Dominions of Canada", wodurch der Hudson's Bay Company nur noch das Pelzhandelsrecht, aber nicht mehr der Landbesitz bleibt.

1869
Vollendung der ersten transkontinentalen Eisenbahnlinie (Union Pacific & Central Pacific Railroad).

1872 bis 1877
Die mehrere Millionen Tiere zählende Büffelherde in den südlichen Prärien wird abgeschlachtet.

1874 bis 1875
Comanche, Kiowa sowie südliche Cheyenne brechen aus den Reservationen aus und suchen vergeblich, die Büffelschlächter zu vertreiben.

1876 bis 1877
Der spektakuläre Sieg der Lakota und nördlichen Cheyenne am Little Bighorn über Custers Truppen kann ihre endgültige Niederlage nur hinausschieben. Crazy Horse ergibt sich und wird ermordet, Sitting Bull flieht nach Kanada.

1877
Der Versuch der Nez Percé unter Chief Joseph nach Kanada zu fliehen, wird nahe der Grenze von Armee-Einheiten verhindert.

1878 bis 1879
Nördliche Cheyenne unter Little Wolf und Dull Knife fliehen aus dem „Indian Territory" (Oklahoma) und erhalten schließlich im vertrauten Yellowstone-Gebiet eine neue Reservation.

ab 1878
Einheiten der Reservationspolizei werden aus angeworbenen Indianern gebildet.

1879
Die Carlisle School, eine höhere Internatsschule für junge Indianer außerhalb des Reservationsschulsystems, wird von der US-Regierung begründet.

1881 bis 1883
Auch die große Büffelherde in der nördlichen Prärie wird abgeschlachtet. Freilebende Büffel sind damit praktisch ausgerottet.

1881 bis 1886
Chiricahua-Apache unter Geronimo und Naiche brechen wiederholt aus der San Carlos-Reservation aus und fliehen nach Mexiko. Mit gewaltigem Militäraufgebot werden sie zur Kapitulation gezwungen und Jahrzehnte als Kriegsgefangene gehalten.

1885
Aufstand der Metis unter Louis Riel und der Cree gegen die kanadische Regierung wird niedergeschlagen.

ab 1887
Der „General Allotment Act" sieht die Aufteilung eines Teiles der bisher in gemeinschaftlichem Stammesbesitz befindlichen Reservationen auf die einzelnen Mitglieder vor. Der größere Rest wird an weiße Siedler vergeben, wodurch im „Indian Territory" die Indianer zu Minderheiten in den ehemaligen Reservationen werden. Der Staat Oklahoma entsteht.

1887 bis 1906
Die „Wild West Show" Buffalo Bills (William Cody) mit vielen indianischen Akteuren unternimmt mehrmals Tourneen durch Europa und prägt stark das Bild vom Indianer.

1888 bis 1890
Der Prophet Wovoka von den Paiute verkündet den Weltuntergang mit nachfolgender Wiederkehr der Toten und der Büffel. Diese „Geistertanz-Bewegung" verbreitet sich bei fast allen Prärie-Stämmen.

1890
Um die „Geistertanz-Bewegung" bei den Lakota militärisch zu unterdrücken, wird Sitting Bull bei seiner Verhaftung erschossen und das Gemetzel von Wounded Knee veranstaltet.

1917 bis 1918
Im I. Weltkrieg kämpfen über zehntausend Indianer als Soldaten der US-Army.

1924
Den Indianern wird in den USA die Staatsbürgerschaft zuerkannt.

1934
Der „Indian Reorganization Act" ermöglicht es den Stämmen, sich zu rechtsfähigen Gemeinschaften zusammenzuschließen und eine beschränkte lokale Selbstverwaltung auszuüben.

1941 - 1945
Im II. Weltkrieg werden etwa 25 000 Indianer in die US-Army eingezogen und nehmen an den Kämpfen teil.

ab 1953
Der erneute Versuch der US-Regierung, im Rahmen der „Termination Policy" die Reservationen und Stämme aufzulösen, muß schließlich aufgegeben werden.

1968
Die indianische Widerstandsbewegung „American Indian Movement" (AIM) wird in Minneapolis gegründet, daran sind Clyde Bellecourt und Dennis Banks beteiligt.

1971
Nach der Entdeckung großer Erdölvorkommen in Alaska verlieren Indianer und Eskimo durch den „Alaska Native Claims Settlement Act" den weitaus größten Teil ihres Landbesitzes, wofür Entschädigung gezahlt wird.

1972
Indianischer Protestmarsch nach Washington („Trail of Broken Treaties") und zeitweilige Besetzung des Bureau of Indian Affairs.

1973
Durch die spektakuläre Besetzung von Wounded Knee durch AIM-Mitglieder und Lakota wird die Öffentlichkeit auf die Situation der Indianer aufmerksam gemacht.

1980
Bevölkerungswachstum hat die Zahl der Navajo auf über 150 000 ansteigen lassen. Trotzdem wird die Aussiedlung Tausender aus einem Landstrich betrieben, der bisher Navajo und Hopi gemeinsam gehörte.

1990
Die Mohawk von Oka (Provinz Quebec) leisten gegen die Zerstörung eines alten Friedhofs bewaffneten Widerstand und machen dadurch die Öffentlichkeit auf Landeigentumsprobleme in Kanada aufmerksam.

(L. D.)

Satzung der Karl-May-Stiftung

vom 15. November 1991 (Auszug)

Präambel

Der Schriftsteller Karl May (1842–1912) hat in seiner Letztwilligen Verfügung vom 8. März 1908 seine Gattin Klara May (1864–1944) zur Universalerbin mit der Maßgabe eingesetzt, daß bei ihrem Tode seine gesamte Hinterlassenschaft („... Alles, was ich besitze und was meine Werke noch einbringen werden ...") einer mildtätigen Stiftung zufallen solle, die bestimmt war, mittellosen begabten Menschen Ausbildungshilfe und notleidenden Schriftstellern und Journalisten Unterstützung zu gewähren. Diese „Karl-May-Stiftung" wurde von Klara May bereits am 5. März 1913 beim Königlichen Ministerium des Kultus und öffentlichen Unterrichts in Dresden errichtet und durch zwei Erbverträge vom 11. Dezember 1913 und 26. Januar 1926 zur Erbin des gesamten May-Vermögens eingesetzt, das ihr am 31. Dezember 1944 zufiel. Nachdem durch Eingliederung in eine Sammelstiftung zwischenzeitlich (1949–1985) ihre volle Rechtspersönlichkeit eingeschränkt war, wurde der Karl-May-Stiftung durch Beschlüsse des Rates des Bezirkes Dresden vom 23. Januar 1985 und 10. November 1987 die Rechtsfähigkeit wiedergegeben, die an den ursprünglichen Rechtsstatus anknüpft.

Da inzwischen durch Einrichtung des Karl-May-Museums (seit 1928 Indianerausstellung und seit 1985 Karl-May-Ausstellung im Grundstück bzw. Wohnhaus des Schriftstellers) das Stiftungsvermögen beträchtlichen Zuwachs erhalten und der Stiftungszweck durch verbesserte Sozialverhältnisse weitgehend seine Bedarfsvoraussetzung verloren hat, wurde der Karl-May-Stiftung am 15. November 1991 eine im Sinne des Stifterwillens erweiterte Satzung gegeben.

§ 2 Stiftungszweck

1. Zweck der Stiftung ist es, das Andenken an den Schriftsteller Karl May und seine Werke, deren erzieherische Absicht der Ausbreitung von Toleranz, Völkerverständigung und Friedensliebe galt, zu erhalten und zu pflegen. Das geschieht durch die Förderung musealer Einrichtungen und Gedenkstätten Karl Mays und damit in Verbindung stehender kultur- und regionalgeschichtlicher, literarischer und bildungsmäßiger Belange und Vorhaben sowie bestimmter sozialer Maßnahmen. Dies bestimmt im einzelnen die folgenden Aufgaben:

a) Auf- und Ausbau eines zentralen Karl-May-Archivs in Radebeul, das alle erhaltenen und ermittelbaren Zeugnisse der Lebens- und Rezeptionsgeschichte sowie des literarischen Schaffens Karl Mays sammelt und als wissenschaftliche Forschungsstätte dient;

b) Erhaltung und Pflege der stiftungseigenen Gedenkstätten, insbesondere des Wohnhauses Karl Mays und seiner Grabstätte, sowie Unterstützung des Karl-May-Hauses Hohenstein-Ernstthal bei ausgewählten Aufgaben;

c) Finanzierung von Maßnahmen, die für Fortbestand und Betriebsfähigkeit des stiftungseigenen Karl-May-Museums notwendig sind, sowie solchen, die dessen Bedeutung und Anziehungskraft erhöhen;

d) Vergabe von Stipedien und Fördermitteln für Arbeits- und Forschungsvorhaben, die im Sinne der oben genannten Ideale Karl Mays besonders förderungswürdig sind;

e) Vorbereitung und Herausgabe von Druckerzeugnissen, deren sich der Verlagsbuchhandel nicht annimmt und die inhaltlich mit der Sammlungs-, Ausstellungs- und Forschungstätigkeit des Karl-May-Museums zusammenhängen;

f) Einrichtung und Verleihung eines „Karl-May-Preises" für besondere Leistungen und Verdienste im Sinne des Stiftungszweckes;

g) Zusammenarbeit mit gleichgerichteten Gesellschaften oder Institutionen des In- und Auslands, insbesondere der Karl-May-Gesellschaft e.V. Hamburg;

h) Unterstützung von in Not geratenen Schriftstellern, Journalisten und Redakteuren im Sinne des ursprünglichen Stiftungszwecks.

2. Die Stiftung verfolgt ausschließlich und unmittelbar gemeinnützige Zwecke im Sinne des Abschnitts „Steuerbegünstigte Zwecke" der Abgabenordnung. Sie ist selbstlos tätig und erstrebt keine eigenwirtschaftlichen Gewinne. Soweit solche bei ihrer Arbeit entstehen, werden sie wiederum nur für die satzungsgemäßen Zwecke verwendet. Es darf keine Person durch Verwaltungsaufgaben, die den Stiftungszwecken fremd sind, oder durch unverhältnismäßig hohe Vergütungen begünstigt werden.